Katja Enseling • Ruth Niehoff

MACH WAS DRAUS! ②

Kreativ geniale Ideen für Wäscheklammern, Eisstiele und Co.

KRONKORKEN

BLECHDOSEN

WÄSCHEKLAMMERN

EISSTIELE

COPPENRATH

Katja Enseling • Ruth Niehoff

MACH WAS DRAUS! ❷

Kreativ geniale Ideen für Wäscheklammern, Eisstiele und Co.

COPPENRATH

INHALT

KRONKORKEN   6

Markierende Becherfreunde 8

Funkelndes Haarband 10

Waschechte Wasserfarben 12

Fleischfressende Pflanze 14

Schmucke Magnetblumen 16

Klimpernde Regenwolke 18

Scheppernde Schellenstäbe 20

Bonsai-kleiner Mini-Garten 22

Windende Brillenschlange 24

Glupschäugige Handpuppe 26

Zuckersüßes Tic Tac Toe 28

Plappernde Klappageien 30

Glitzernde Glitterkerzen 32

Hopsender Springfrosch 34

Kugelrunder Fisch 36

Kribbelige Blechtierchen................. 38

WÄSCHKLAMMERN   40

Schwebender Seiltänzer 42

Meerjungfrauen-Angelspiel 44

Fröhlich buntes Geschenkpapier 46

Stinkfaule Faultierfamilie 48

Rasante Klammerautos 50

Lustige Überraschungsklammern ... 52

Märchenhafte Drachenreiter........... 54

Famoser Kicker 56

Freche Gute-Laune-Früchtchen 58

Launiges Leinen-Spiel 60

Radfahrendes Windrad 62

Hübsche Halsbonbons 64

Feurige Flamencotänzerin 66

Süße Schmetterlinge 68

Übersichtlicher Wochenplaner 70

Federgeschmückter Fensterstern 72

 superleicht    mittelschwer    anspruchsvoll

BLECHDOSEN 74

Heiteres Jo-Jo 76

Duftender Dosenkuchen 78

Krachmachendes Schlagzeug 80

Roboter-Marionette 82

Windiges Gruselgespenst 84

Farbenfrohe Blumenwächter 86

Tröstendes Einschlaflicht 88

Witzige Urlaubskonserven 90

Glänzende Blechmedaille 92

Staksige Monster-Stelzen 94

Kleine Reißverschluss-Spinne 96

Nette Kruschteldosen 98

Lautloser Wecker 100

Gastfreundliches Insektenhotel 102

Raumfahrer-Rakete 104

EISSTIELE 106

Bunt bemaltes Indianerdorf 108

Superstarkes Lesezeichen 110

Galaktisches Murmel-Labyrinth 112

Schräge Mundharmonika 114

Freundschafts-Armreif 116

Kunterbunte Buchstaben 118

Zauberhafter Feenbaum 120

Sportliches Mini-Eishockey 122

Scharfschießendes Katapult 124

Flusspiratenfloß 126

Becher voll Monsterideen 128

Bärige Eisläufer 130

Pfeil und Bogen 132

Schöne Bildergalerie..................... 134

Cooles Bauchtheater 136

Super Skateboard 138

Geheimes Detektivheft 140

Vorlagen...................................... 142

TIPP

Wenn du mit einer Klebepistole arbeitest, lasse dir immer besser von einem Erwachsenen helfen.

8

10

12

14

16

18

20

22

24

26

KRONKORKEN

28

30

32

34

36

38

Deiner! Meiner!
MARKIERENDE BECHERFREUNDE

1 Nimm einen Kronkorken und drücke ihn mit der gezackten Seite auf ein Stück Moosgummi. Schneide den geprägten Kreis mit der Nagelschere aus.

2 Mit einem wasserfesten Stift malst du ein Gesicht darauf, zum Beispiel einen Schnuffelhund. Schneide aus Filz Ohren aus und klebe sie von hinten an den Kopf.

3 Mit einem Klecks Bastelkleber klebst du den Hundekopf in einen Kronkorken.

4 Nimm ein Stück Gummilitze, Schere und einen Becher zum Abmessen. Mit der Klebepistole klebst du die Gummi-Enden aufeinander und den Kronkorken auf die Klebestelle.

Und jetzt ab an den Becher damit! Dann weißt du immer, welcher deiner ist!

MATERIAL

* Kronkorken
* Moosgummireste in hellen Farben
* Nagelschere
* Permanent-Marker mit feiner Spitze in Schwarz
* Filzreste
* Bastelkleber
* Gummilitze, 6 mm breit in Bunt
* Klebepistole
* Becher

TIPP
Du kannst auch andere, lustige Tiere machen: einen brummigen Brummbären, einen Lila-Laune-Hasen oder eine Schabernack-Maus.

TIPP
Die bunten Glitzerdinger sind schnell gemacht, müssen aber 2–3 Tage trocknen. Mach am besten gleich mehrere.

Bling, Bling, Glitzerding
FUNKELNDES HAARBAND

MATERIAL

* Kronkorken
* Acrylfarbe in Bunt und Pinsel
* Bastelkleber, transparent
* Glitter
* Streuteilchen: Perlen, Sternchen, kleine bunte Knöpfe …
* Gummilitze in Bunt, 6 mm breit, 50–55 cm lang
* Klebepistole

1 Male erst mal einige Kronkorken innen farbig aus und lasse sie trocknen. Dann fülle sie bis knapp unter den Rand mit Bastelkleber.

2 Streue etwas Glitter darauf. Lege bunte Perlen, kleine Knöpfe und Streusternchen dazu. Noch einmal etwas Glitter aufstreuen. Dann muss alles ein paar Tage trocknen.

3 Lege die Gummilitze einmal um deinen Kopf, um die passende Länge abzumessen. Klebe mit der Klebepistole die Enden der Litze aufeinander. Gib nun einen Klecks Heißkleber auf die Klebestelle und drücke ein Glitzerding darauf – fertig ist dein Haarband!

Schick, oder?

TIPP

Klebe eine kleine Broschennadel auf die Rückseite und du hast eine wunderschön funkelnde Brosche!

TIPP

Zum Aufbewahren deiner Farbtöpfchen kannst du eine flache Blechdose nutzen.

Für kleine Künstler
WASCHECHTE WASSERFARBEN

1 Gib 2 EL Zucker und 1 EL Wasser in einen kleinen Kochtopf. Erhitze die Mischung auf dem Herd. Rühre dabei gut um, bis sich der Zucker aufgelöst hat.

2 Vermische je 3 EL Backpulver, Speisestärke und Essig. Achtung, das schäumt! Gib einen Esslöffel der Zuckermischung hinzu und rühre alles zu einer glatten Masse.

MATERIAL

- ★ 2 EL Zucker
- ★ 1 EL Wasser
- ★ Kochtopf
- ★ kleiner Löffel
- ★ 3 EL Backpulver
- ★ 3 EL Speisestärke
- ★ 3 EL Essig
- ★ Tasse
- ★ 6–12 Kronkorken
- ★ Lebensmittelfarben
- ★ Zahnstocher
- ★ optional: flache Blechdose zum Aufbewahren

3 Fülle deine Kronkorken mit der Masse. Gib dann jeweils einige Tropfen Lebensmittelfarbe hinzu und rühre den Farbbrei mit dem Zahnstocher vorsichtig um. In 1–2 Tagen sind die Wasserfarben trocken und zum Malen fertig.

Bereit fürs große Werk?

Achtung, harmlos!
FLEISCHFRESSENDE PFLANZE

MATERIAL

* 5 Kronkorken
* Malfarbe in Grün, Rot und Weiß
* Pinsel
* Zange
* Schere
* Krepppapier in Grün und Braun
* Klebepistole
* 10 kleine Wackelaugen
* 8 Pfeifenputzer in Grün, 20–25 cm lang
* 3 Wäscheleinenstücke in Hellgrün, je 10 cm lang
* kleiner Blumentopf
* Washi-Tape
* 3 Drähte, je 2 cm lang
* Folie in Hellblau (Plastiktüte, Verpackung)
* Nähgarn in Schwarz

1 Bemale die Kronkorken innen rot und außen grün. Nach dem Trocknen biege sie vorsichtig mit der Zange zusammen.

2 Schneide aus grünem Krepppapier lustige kleine Zungen und klebe sie in die Kronkorken. Klebe je 2 Wackelaugen auf.

3 Rolle drei grüne Krepppapierkugeln. Packe jede in ein glattes Stück von 4 cm x 5 cm ein und verdrehe die Ecken, damit eine Knospe entsteht.

4 Verdrehe die Pfeifenputzer zum Stiel: Beginne mit zwei Drähten. Wickle die restlichen einzeln von unten nach oben darum. Mit dem letzten Stück befestige die drei Wäscheleinen. Klebe die Kronkorken und die Knospen an.

5 Male den Blumentopf weiß an und verziere ihn mit Washi-Tape. Fülle den Topf mit zerknülltem braunem Krepppapier. Die Pflanze steckst du in die Mitte, drückst sie mit dem Krepppapier gut fest und biegst die Blumenstiele in Form.

6 Lege die kleinen Drahtstücke und die blaue Plastikfolie aufeinander und umwickle die Mitte mit Nähgarn. Biege alles zu einer Fliege. Verknote das Garnende und hänge die Fliege in deine Pflanze, damit sie nicht verhungert!

Achtung, harmlos!

Für Blumenkinder
SCHMUCKE MAGNETBLUMEN

1 Kopiere die Blumen von Seite 143 und schneide sie aus. Übertrage die Umrisse auf Moosgummi und schneide sie mit der Nagelschere aus.

2 Stanze für jede Blume einen Kreis aus buntem, gemusterten Geschenkpapier.

MATERIAL

* Vorlage Blumen (Seite 143)
* Nagelschere
* Bleistift
* Moosgummi
* Kreisstanze, ø 25 mm
* Geschenkpapier, klein gemustert
* Bastelkleber
* Kronkorken
* flache runde Magnete oder Magnetfolie

3 Klebe erst die Papierkreise in die Kronkorken. Dann klebst du die Kronkorken auf die Blumen.

4 Zum Schluss klebst du einen Magneten oder Magnetfolie auf die Rückseite.

Prima, jetzt kannst du damit den Kühlschrank schmücken!

TIPP
Klebe statt Geschenkpapier ein Foto von dir in die Blume! Das ist ein tolles Geschenk zum Mutter- oder Vatertag!

TIPP

Fenster auf, wenn du mit Nagellack arbeitest!

Keine Schlechtwetterlangeweile!
KLIMPERNDE REGENWOLKE

MATERIAL

* Filzstift
* 2 Luftpolsterfolien, ca. 50 cm x 25 cm
* Schere
* Bürotacker
* Füllwatte
* Bastelkleber
* 35 Kronkorken
* Nagellack in Bunt
* Aludraht in Silber, 1 mm stark
* Glitter
* 35 Büroklammern
* altes Holzbrett zum Unterlegen
* Hammer und Nagel zum Lochen

1 Zeichne eine Wolke auf eine Luftpolsterfolie und schneide sie aus. Übertrage sie auf die zweite Folie und schneide sie aus.

2 Tackere die Wolken am Rand zusammen. Lasse unten eine Öffnung. Stopfe Füllwatte hinein und tackere sie zu.

3 Klebe zwei Kronkorken als Augen auf. Male mit Nagellack das Gesicht und befestige oben Draht zum Aufhängen.

4 Fertige 33 bunte Regentropfen: Bemale jeden Kronkorken innen mit Nagellack und streue Glitter hinein.

5 Während die Tropfen trocknen, biegst du die Büroklammern auseinander. Auf einem Holzbrett loche die Kronkorken mit Hammer und Nagel an zwei gegenüberliegenden Rändern.

6 Hänge an eine Büroklammer einen Kronkorken, an diesen wieder eine Büroklammer und so weiter. Mach insgesamt 5 Tropfenketten und hake sie einfach unten im Rand der Wolke ein.

Klimpernder Glitzerregen macht gute Laune!

Für die Rasselbande
SCHEPPERNDE SCHELLENSTÄBE

1 Schnappe dir Pinsel und Farbe und bemale den Ast und den Zapfen.

2 Schlage auf einem Holzbrett mit Hammer und Nagel ein Loch in die Mitte der Kronkorken.

MATERIAL
(für 1 Schellenstab)

★ Pinsel
★ Malfarbe in Bunt
★ Aststück, 18–35 cm lang, 2–3 cm dick
★ Kiefernzapfen
★ Holzbrett zum Unterlegen
★ Hammer und Nagel
★ 8–12 Kronkorken
★ 4–6 Nägel, 3,5 cm lang
★ 8–12 Holzperlen, ø 6 mm
★ Klebepistole

3 Schiebe auf jeden Nagel erst zwei Perlen, dann zwei Kronkorken. Schlage die Nägel mit dem Hammer auf beiden Seiten des Holzstabes ein.

4 Klebe mit der Klebepistole den bunten Zapfen auf den Schellenstab. Warte, bis alles fest getrocknet ist, und schon kannst du losrasseln!

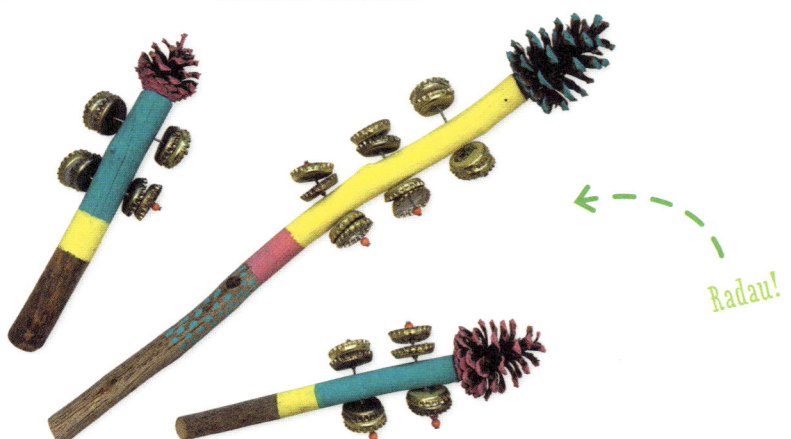

Radau!

Für Däumelinchen
BONSAI-KLEINER MINI-GARTEN

1 Fülle den Kronkorken mit einem kleinen Mooskissen.

2 Hübsche trockene Pflanzenteile mit Farbe und Pinsel auf.

3 Eine kleine Grünpflanze entsteht aus Luftballonschnipseln: Zacken hineinschneiden, aufrollen und unten mit etwas Bindedraht umwickeln.

4 Aus rosa Filz schneide eine kleine Blume. Biege ein Stück Draht am Ende um. Fädele erst die Perle, dann die Filzblume darauf. Stecke Blumen und Pfanzen in das Mooskissen.

5 Schneide winzige Ohren und einen Schwanz aus grauem Filz und klebe alles an die Bohne. Male das Gesicht auf – fertig ist der kleine Bewohner!

MATERIAL

* Kronkorken
* Naturmaterialien: Moos, trockene Pflanzenteile, Zweige
* Malfarbe
* feiner Pinsel
* Luftballon(-rest) in Grün
* Nagelschere
* Bindedraht
* Zange
* Filzrest in Rosa und Grau
* kleine Holzperle
* Bastelkleber
* weiße Bohne
* Permanent-Marker in Schwarz mit feiner Spitze

Ist das nicht niedlich?

Für Schlangenbeschwörer
WINDENDE BRILLENSCHLANGE

1 Zuerst werden alle Kronkorken gelocht: Lege ein Pappstück auf ein Brett und darauf einen Kronkorken. Schlage mit Hammer und Nagel ein Loch in die Mitte. Achtung Finger!

2 Forme aus Alufolie grob den Schlangenkopf und eine Schwanzspitze. Klopfe beides mit dem Hammer fest in Form.

3 Loche Kopf und Schwanz mit Hammer und Nagel.

4 Knote das Glöckchen an die Schnur. Fädle alles auf: erst den Schwanz, dann alle Kronkorken und den Kopf. Verknote das Ende.

5 Bemale die Schlange mit Farbtupfern. Schneide aus dem Filzrest eine Zunge. Nach dem Trocknen klebe die Wackelaugen und die Zunge an.

6 Biege aus dem Pfeifenputzer eine Brille. Bohre mit dem Nagel auf den Kopfseiten ein Loch. Klebe die Enden der Brille hinein.

Für Bauchredner
GLUPSCHÄUGIGE HANDPUPPE

1 Lege einen Kronkorken auf ein Stück Filz und zeichne mit Filzstift den Umriss nach. Schneide zwei solcher Filzkreise in derselben Farbe aus. Klebe die Kreise in die Kronkorken und die Wackelaugen darauf.

2 Schneide zwei rechteckige Stücke Filz an einer Seite mehrmals ein und klebe sie als Wimpern über die Augen. Du kannst auch Plüsch als Augenbrauen nehmen, das sieht schön zottelig aus. Oder du biegst Fühler aus Pfeifenputzern.

MATERIAL
(für 1 Puppe)

* 2 Kronkorken
* Filzreste
* Filzstift in Schwarz
* Schere
* Bastelkleber
* 2 Wackelaugen
* optional: Plüsch, Pfeifenputzer, Holzperlen
* Pfeifenputzer in Schwarz, 15 cm lang
* Klebepistole

3 Biege einen schwarzen Pfeifenputzer um deinen Mittelfinger. Rolle die Enden zu kleinen Spiralen auf.

4 Klebe mit der Klebepistole die Augen auf die Spiralen. Super! Klemm dir die Augen zwischen die Finger und stelle die Handpuppe deinen Eltern vor ...

Hallo, ich bin Brian, das Superhirn!

27

Törtchenschlacht!
ZUCKERSÜSSES TIC TAC TOE

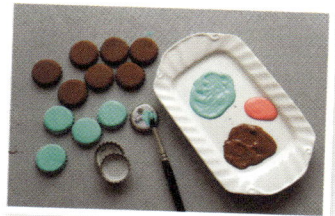

1 Zuerst machst du die Törtchen. Male je 10 Kronkorken braun und mintgrün an.

2 Für die Füllung drücke einen Kronkorken auf Moosgummi und schneide den geprägten Kreis etwas größer aus: je 5 in Gelb und in Rosa. Klebe die Törtchen zusammen.

3 Schneide 5 Zuckergusskleckse aus und beklebe damit die grünen Törtchen. Obendrauf kommt eine Perle.

4 Aus Moosgummistreifen schneidest du Zuckerstreusel zu. Klebe sie oben auf die braunen Törtchen.

Lasset die Tortenschlacht beginnen!

5 Male mit rosa Farbe das Spielfeld aus 3 x 3 Feldern auf den Beutel und klebe einen Rand aus Spitze drumherum.

Kunterbunter Krach
PLAPPERNDE KLAPPAGEIEN

1 Schneide den Saftkarton auf und falte ihn an einem Knick. Schneide ab dem Falz ein etwa 5 cm breites und 6 cm langes doppellagiges Rechteck ab. Runde die Ecken an der offenen Seite ab.

2 Beklebe die silberne Innenseite mit gemustertem Papier und die Außenseite mit Tonpapier. Schneide bunte Flügel und zwei weiße Kreise für die Augen aus. Die Pupillen malst du mit Filzstift auf. Schneide aus Filz Schnabel und Federbüschel. Klebe alles an.

MATERIAL
(für 1 Klapper)

★ Schere
★ Saftkarton
★ Klebestift
★ Papierschnipsel, gemusterte und in Weiß
★ Tonpapierreste in Bunt
★ Filzstift in Schwarz
★ Filzreste
★ Luftballon
★ Bastelkleber
★ 2 Kronkorken

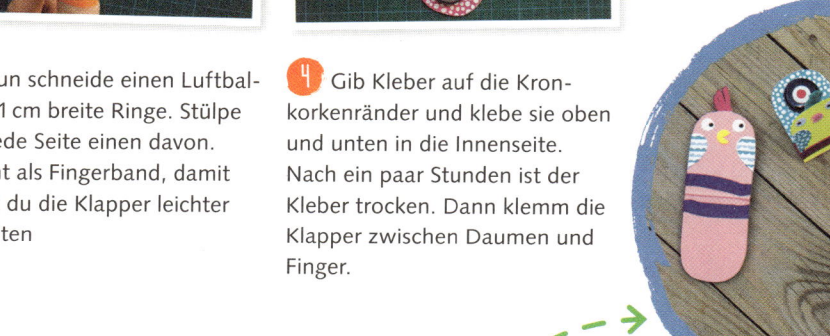

3 Nun schneide einen Luftballon in 1 cm breite Ringe. Stülpe über jede Seite einen davon. Er dient als Fingerband, damit kannst du die Klapper leichter festhalten

4 Gib Kleber auf die Kronkorkenränder und klebe sie oben und unten in die Innenseite. Nach ein paar Stunden ist der Kleber trocken. Dann klemm die Klapper zwischen Daumen und Finger.

Achtung, jetzt wird's klapperlaut!

TIPP

Setze einige Kerzen
vorsichtig in eine
Schüssel mit Wasser,
ob sie wohl schwim-
men können?

Kleiner Lichterzauber
GLITZERNDE GLITTERKERZEN

1 Male die Kronkorken innen in unterschiedlichen Farben an. Lasse die Farbe trocknen.

2 Zerlege die Teelichter in Einzelteile. 3 bis 4 Wachsteile kommen in die Konservendose. Lasse das Wachs bei mittlerer Temperatur im Wasserbad schmelzen.

3 Lege deine Kronkorken und ebenso viele Dochte aus den Teelichtern bereit. Nimm das Wachs vorsichtig aus dem Wasserbad. Fülle mit dem Teelöffel etwas Wachs in jeden Kronkorken und setze sofort einen Docht hinein. Lasse das Wachs fest werden.

4 Fülle die Kerzen fast randvoll mit Wachs, warte einige Sekunden und streue etwas Glitter darüber. Wenn das Wachs fest ist, hast du eine winzige Kerze, die bis zu eine Stunde gemütliches Licht zaubert.

MATERIAL

* Kronkorken
* Acrylfarbe in Bunt
* Pinsel
* 12 Teelichter
* kleine Konservendose
* kleiner Kochtopf
* Teelöffel
* Glitter

TIPP
Lasse die Kerzen nicht unbeaufsichtigt brennen!

Funkeln, glitzern, flackern!

Für Froschdompteure
HOPSENDER SPRINGFROSCH

1 Klebe die Münze in einen Kronkorken. Nach dem Trocknen male beide Kronkorken innen rosa und außen grün an.

2 Schneide eine Filzzunge und klebe sie auf die Münze. Loche den anderen Kornkorken mit Hammer und Nagel mittig. Klebe sie schräg ineinander.

MATERIAL

* Bastelkleber
* Münze, 1 Cent (als Gewicht)
* 2 Kronkorken
* Acrylfarbe in Grün und Rosa
* Pinsel
* Schere
* Filzrest in Rot
* Hammer und Nagel zum Lochen
* Holzbrett zum Unterlegen
* Tonkartonrest in Grün
* 2 kleine Wackelaugen
* Gummiband, ø 1 mm, 50 cm lang
* Holzperle, ø 16 mm
* Holzperle in Rosa oder Rot, ø 6 mm

3 Schneide 8 mm breite Tonkartonstreifen zu: zwei 6 cm lange für die Beine und zwei 5 cm lange für die Arme. Klebe sie an, knicke sie und schneide die Enden je zweimal ein.

4 Schneide noch zwei 0,5 cm breite und 1,5 cm lange Streifen für die Augen und falte sie einmal in der Mitte. Klebe sie auf und die Wackelaugen darauf.

5 Knote am Ende des Gummibands die große Perle fest. Fädele das andere Ende durch das Loch im Kopf und knote die kleine Perle daran.

Hoppla, jetzt springt dein Frosch!

Blubb, blubb, blubb
KUGELRUNDER FISCH

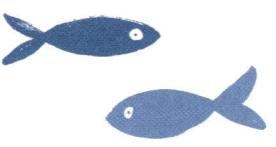

1 Male den Pappteller gelb an und streue etwas Glitter über die feuchte Farbe.

2 Schneide aus der Plastikschale zwei Flossen, Schwanz und Mund zu und bemale sie bunt. Male auf einen Kronkorken das Auge.

3 Jetzt brauchst du Geduld: Biege mit der Zange den Rand der Kronkorken nach außen.

4 Lege immer einen Kronkorken auf den Stein und klopfe ihn gleichmäßig flach.

5 Mit der Klebepistole klebe die Kronkorken überlappend zu Schuppen auf den gelben Teller.

6 Klebe Gesicht, Flossen und Bildaufhänger an.

MATERIAL

* Malfarbe in Bunt
* Pinsel
* Pappteller, ø 23 cm
* Glitter
* Schere
* Plastikschale, transparent (z. B. von Obst, Gemüse)
* 60–70 bunte Kronkorken
* Zange
* glatter Stein als Unterlage
* Gummihammer zum Plätten
* Klebepistole
* Bildaufhänger
* Bastelkleber
* Orangennetzstück

Blubb, blubb, blubb – fertig ist der kugelrunde Fisch.

Das große Krabbeln
KRIBBELIGE BLECHTIERCHEN

1 Klebe in jeden Kronkorken mit etwas Holzleim eine Korkenscheibe.

2 Bemale die Kronkorken und streue etwas Glitter auf die feuchte Farbe. Für die Fühler schlage mit Hammer und Nagel zwei Löcher hinein und stecke in jedes ein Stück Draht.

MATERIAL
(für 4 Insekten)

* 4 Kronkorken
* 4 Korkenscheiben, 0,5 mm dick
* Acrylfarbe in Bunt
* Pinsel
* Glitter
* Hammer und Nagel zum Lochen
* Aludraht, 1mm dick
* Zange
* Schere
* bunte Plastikfolienverpackung (Lebensmittel)
* Holzleim oder Bastelkleber
* 8 kleine Holzperlen
* Nägel, Schrauben und Muttern
* eventuell Klebepistole

3 Schneide aus bunter Plastik-folie zwei Flügel aus und klebe sie auf den Insektenkörper. Klebe Augen aus Perlen dazu. Und einen Rüssel aus einer Schraube oder einen Mund aus einer kleinen Mutter.

4 Dann steckst du je sechs kleine Nägel in die Korkenscheibe. Und jetzt schnell noch etwas Farbe darauf, bevor die Tierchen wegkrabbeln!

Sssssssss!

Brummmmm ...

42

44

46

48

50

52

54

56

58

WÄSCHE-KLAMMERN

60

62

64

66

68

70

72

Für Hochseilartisten
SCHWEBENDER SEILTÄNZER

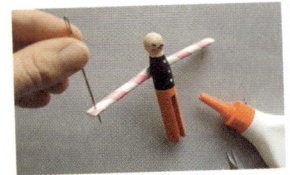

MATERIAL

* Säge
* runde Wäscheklammer
* Schleifpapier
* Malfarbe in Schwarz, Orange, Weiß, Rosa und Türkis
* Pinsel und Zahnstocher
* Schere
* Papiertrinkhalm in Orange-Weiß
* Holzleim
* Sticknadel
* Tonpapierstreifen in Schwarz, 17 cm x 1,5 cm
* Knopf in Schwarz, ø 2 cm
* Papierschirmchen
* Plastikhalter von Kuchenkerze
* Holzperle, ø 8 mm
* Moosgummi- oder Papperest in Schwarz
* Aludraht, 1 mm stark, 15 cm lang
* Zange
* großer Knopf, ø 3 cm
* Schnur zum Tanzen

1 Säge unten von der Wäscheklammer 2 cm ab. Glätte die Kanten mit Schleifpapier. Male der Klammer ein Gesicht und einen Anzug in Schwarz und Orange.

2 Schneide 12 cm Trinkhalm ab, drück ihn in der Mitte platt und klebe ihn hinten an den Seiltänzer. Drücke die Enden platt und loche sie mit der Sticknadel.

3 Klebe den Tonpapierstreifen zum Zylinder und darunter den Knopf. Klebe den Hut auf den Kopf des Seiltänzers.

4 In eine „Hand" steckst du das Papierschirmchen und in die andere den Kerzenhalter. Klebe die Holzperle in den Halter.

5 Für das Einrad schneide einen 2 cm großen Moosgummikreis aus. Falte ihn mittig zum Sattel und wickele ein Drahtende darum. An das andere Ende kommt der große Knopf.

6 Setze den Seiltänzer auf den Sattel und fädele die Schnur hindurch. Nun straffe die Schnur, indem an jedem Ende einer zieht. Lasst zu zweit den Tänzer in luftiger Höhe hin und her tanzen!

Spiel:

Es wird reihum gewürfelt. Wer eine 6 würfelt, darf Meerjungfrauen fischen. Sobald wieder eine 6 gewürfelt wird, muss er die Angel abgeben. Schnelligkeit und Geschicklichkeit sind gefragt! Der Angler mit den meisten Meerjungfrauen hat gewonnen.

Plitsch Platsch
MEERJUNGFRAUEN-ANGELSPIEL

1 Kopiere die Vorlage von Seite 143 und schneide sie aus. Übertrage die Umrisse auf die sechs Moosgummireste und schneide auch sie aus.

2 Bemale den unteren Teil der Wäscheklammern in je einer Farbe. Streue Glitter darüber. Den Schuhkartondeckel malst du hellblau an.

MATERIAL

* Vorlage Meerjungfrau (Seite 143)
* Schere
* Bleistift
* Moosgummireste in 6 Farben
* Acrylfarbe in 6 Farben und Hellblau
* Pinsel
* 6 runde Wäscheklammern
* Glitter
* Schuhkartondeckel
* Zahnstocher
* 6 Stoffstreifen in Bunt, 5 cm x 1,5 cm
* Holzleim
* buntes Nähgarn
* eventuell Klebepistole
* 7 Büroklammern
* Zange
* Luftpolsterfolie
* Schnur, 30 cm lang
* 3 Perlen, ø 10–12 mm
* Papiertrinkhalm
* Würfel

3 Mit Zahnstochern malst du die Gesichter. Drehe die Stoffstreifen zu Oberteilen und klebe sie um die Klammern.

4 Rolle wilde Frisuren aus langen, bunten Nähgarnfäden und klebe sie an.

5 Schiebe auf jede Schwanzflosse eine Büroklammer. Biege die breite Spitze 1 cm hoch. Klebe die Flosse mit dem Haken nach oben im Klammerspalt fest.

6 Lege die Folie in den Deckel. Biege eine Büroklammer zum Haken und knote Schnur daran. Fädele eine Perle auf. Binde das Schnurende am Trinkhalm fest. Verziere ihn mit zwei Perlen.

Zum Verschenken
FRÖHLICH BUNTES GESCHENKPAPIER

1 Schneide ein rechteckiges, ein quadratisches und ein dreieckiges Stück vom Schwamm ab und klemme jedes in eine Wäscheklammer. Fertig sind die Stempelpinsel!

2 Du brauchst nur noch Wasserfarbe und Papier und schon kannst du loslegen. Probiere am besten auf einem Bogen verschiedene Techniken aus: Stempeln, Malen, viel Wasser, wenig Wasser …

MATERIAL

* Schere
* Haushaltsschwamm
* Wäscheklammern
* Wasserfarbe
* einige Papierbogen in Weiß

3 Überlege dir verschiedene Muster. Gestalte dein eigenes fröhlich buntes Geschenkpapier.

Wow!

Gemütlich abhängen!
STINKFAULE FAULTIERFAMILIE

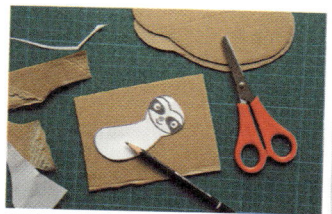 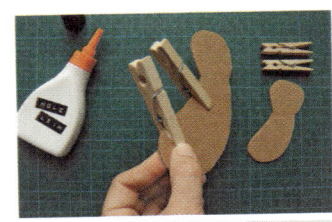 

1 Kopiere die Faultiere von Seite 142 und schneide sie aus. Lege sie auf die braune Pappe und übertrage die Umrisse mit dem Bleistift. Wie viele Faultiere möchtest du? Zeichne alle an und schneide sie aus.

2 Klebe an jedes Faultier zwei Wäscheklammerbeine. Das Pappteil wird dabei innen an einen der Klammergriffe geklebt. Die kleinen Faultiere bekommen Beine aus kleinen Klammern.

MATERIAL

★ Bastelvorlage Faultiere (Seite 142)
★ Schere
★ braune Pappe (Versandkarton)
★ Bleistift
★ je 2 Wäscheklammern für große Faultiere
★ je 2 mittlere Wäscheklammern (4,5 cm lang) für kleine Faultiere
★ Holzleim
★ Wasserfarbe
★ Pinsel

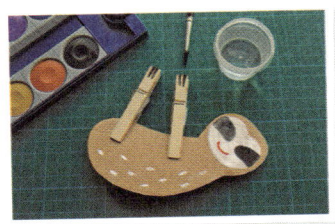

3 Bemale die Tiere mit Wasserfarbe und Pinsel. Vergiss die Zehen auf der Wäscheklammer nicht. Trocknen lassen und dann kann deine Faultierfamilie gemütlich abhängen. Such ihr doch schon mal ein schönes Plätzchen!

Faul sein bis zum Umfallen!

Mit Affenzahn
RASANTE KLAMMERAUTOS

1 Zuerst machst du die Räder: Male die Korkenscheiben schwarz an und lasse die Farbe trocknen. Klebe auf jedes Rad ein Sternchen.

2 Schneide zwei 3 cm lange Trinkhalmstücke und zwei 4 cm lange Zahnstocherstücke zu. Diese müssen beidseitig spitz sein. Schiebe die Zahnstocher in die Trinkhalme und spieße auf jede Seite ein Korkenrad.

3 Klemme die Radachsen einfach in die Klammeröffnung und in den Klammergriff. Falls nötig kannst du die Räder mit einem Klecks Heißkleber festkleben.

MATERIAL
(für 1 Rennwagen)

★ Acrylfarbe in Schwarz
★ Pinsel
★ 4 Korkenscheiben, 1 cm breit
★ Bastelkleber
★ Streusternchen in Silber
★ Schere
★ Papiertrinkhalm
★ 2 Zahnstocher
★ Messer zum Anspitzen
★ Plastikwäscheklammer in Bunt, 10 cm lang
★ eventuell Klebepistole

Auf die Plätze, fertig, los geht das Autorennen!

Hoppla!
LUSTIGE ÜBERRASCHUNGSKLAMMERN

 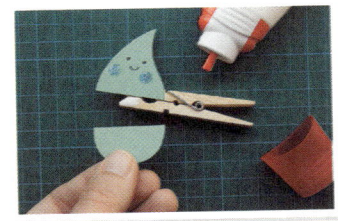

MATERIAL

* Tonkartonreste, Bleistift
* Schere und Nagelschere
* Fineliner
* zum Verzieren: Glitter, Watte, Buntstifte …
* Bastelkleber
* Wäscheklammern
* Papierreste in Bunt

1 Ein gruseliges Spukhaus oder ein Regentropfen? Zeichne dein Motiv auf ein Stück Tonkarton und schneide es aus. Gestalte es mit Fineliner, Buntstiften, Glitter, Watte …

2 Schneide das Motiv in der Mitte durch. Klebe sie seitlich an die Wäscheklammerteile, sodass die Hälften genau aufeinanderpassen, wenn die Klammer zu ist.

3 Denk dir eine Überraschung für deine Klammer aus, wie zum Beispiel einen Geist oder einen Regenbogen. Male sie auf ein Stück Papier und schneide sie aus. Dann klebst du sie auf die andere Seite der Klammer.

Na, wen wirst du jetzt damit überraschen?

Ritter Rabatz und die holde Jungfrau
MÄRCHENHAFTE DRACHENREITER

MATERIAL

* Bastelvorlage Drachenreiter (Seite 143)
* Schere
* Bleistift
* dünne Pappe (Versandkarton)
* Holzleim
* Bastelfilz in Grün
* Märchenwolle in Orange und Rot
* Acrylfarbe in Mintgrün, Silber, Rosa, Weiß und Grün, Pinsel
* Säge
* 2 runde Wäscheklammern
* Schleifpapier
* Glitter
* Zahnstocher
* Streichhölzer, Alufolie, Eichelhütchen
* zum Schmücken: Stoff, Garn, Filz, Spitzenborte, Schmucksteine

1 Kopiere die Vorlage von Seite 143 und schneide sie aus. Übertrage die Umrisse und Markierungen auf Pappe: 2 x den Drachenkörper und 4 x die Beine. Schneide alle Pappteile aus.

2 Klebe immer zwei Beinteile aufeinander und schneide sie an den Markierungen ein. Klebe Zacken aus Filz an den Drachenhals und eine Flamme aus Märchenwolle ans Maul. Klebe das zweite Körperstück darüber.

3 Schneide die Markierungen am Drachenkörper ein und stecke die Beine an. Male dem Drachen Augen und Schuppen.

4 Schneide ein 12 cm x 8 cm großes Filzstück für die Flügel zu. Falte es längs zu einem Fächer und schneide die Enden schräg ab. Klemme es in den Spalt.

5 Säge die Wäscheklammern unten 4 cm ab. Glätte die Kanten mit Schleifpapier. Male dem Ritter eine silberne Rüstung und streue Glitter darauf. Die Prinzessin wird mintgrün. Tupfe die Gesichter mit Zahnstochern auf.

6 Bemale als Helm ein Eichelhütchen silbern und klebe ein Federbüschel aus Filz darauf. Streichholzschwert, Knopfschild und Filzgewand – schon ist die Rüstung komplett. Wickle ein Stück Stoff um die Prinzessin und binde es mit Spitze fest. Klebe einen Schmuckstein auf und Märchenwollenhaar auf den Kopf – fertig sind die Drachenreiter.

TIPP

Für die Zählstange fädle die kleinen Perlen auf den Draht und biege die Enden nach unten. Bohre sie vorsichtig in die Oberkante des Kartons.

Zum Toresammeln!
FAMOSER KICKER

1 Male den Boden des Kartons als Fußballfeld. Außenrum kommt Geschenkpapier. Bohre seitlich je vier Löcher: gleich weit voneinander und eine Wäscheklammerlänge hoch.

2 In die schmalen Kartonseiten zeichne je ein 10 cm x 7 cm großes Tor. Schneide mit einem Cutter die Seiten und die Oberkante vorsichtig auf und klappe es nach außen.

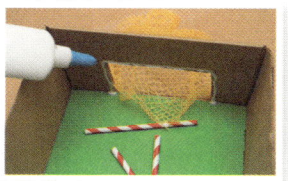

3 Klebe je ein Stück Zwiebelnetz in die Toröffnungen. Schneide die Trinkhalme passend und klebe sie als Torpfosten an.

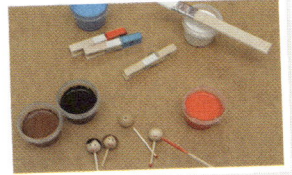

4 Male je 5 Wäscheklammern ein rot-weißes bzw. blau-weißes Trikot. Die dicken Perlen bemalst du mit Gesichtern und Frisuren.

5 Schiebe die Stäbe durch die Löcher. Male je 3 Korken in Blau und Rot an. Klebe je einen Korken als Griff und einen halbierten als Stopper.

6 Platziere die Spieler. Klemme sie mit viel Klebstoff an die Stangen. Klebe gekürzte Streichhölzer erst in die Köpfe und dann von oben in die Klammern.

MATERIAL

- Malfarbe in Grün, Rot, Blau, Weiß, Schwarz und Gelb
- Pinsel
- Schuhkarton
- Geschenkpapier
- Bastelkleber
- Schere
- Bleistift
- Cutter
- 2 Zwiebelnetze
- 4 Papiertrinkhalme, 2 in Rot und 2 in Blau
- 10 Wäscheklammern aus Holz
- 10 Holzperlen, ø 15 mm
- 4 Holzstäbe, ø 0,5 cm, 45 cm lang
- 6 Korken
- 10 Streichhölzer
- Tischtennisball
- optional: Perlen ø 5 mm, je 10 Stück in Rot und Blau plus 2 Stücke Basteldraht

Schon kann das Kicker-Turnier starten!

Pflückreif
FRECHE GUTE-LAUNE-FRÜCHTCHEN

1 Forme aus Fimo® kleine Früchte. Orangen- und Zitronenschale kannst du mit grobem Stoff oder einem Zahnstocher prägen. Mit dem Messer kannst du Ananas ritzen und Erdbeeren piksen.

2 Forme kleine grüne Blätter, Kulleraugen und lachende Münder und drücke alles vorsichtig auf die Früchte.

MATERIAL

* Fimo® in Gelb, Orange, Rot, Rosa, Grün, Weiß und Schwarz
* grober Stoff
* Zahnstocher
* Messer
* Backpapier
* Klarlack
* Bastelkleber
* Wäscheklammern, ca. 4,5 cm lang

3 Lege alles auf Backpapier und backe es wie auf der Verpackungsanleitung angegeben. Nach dem Auskühlen kannst du es mit Klarlack überziehen, so glänzt es hübsch.

4 Klebe die Früchtchen noch auf eine Wäscheklammer – fertig!

Diese Gute-Laune-Früchte schmücken Geschenktüten, Geburtstagstische und vieles mehr.

Buntwäsche
LAUNIGES LEINEN-SPIEL

1 Pause die Wäschevorlage von Seite 142 ab und schneide alle Teile aus. Pinne sie mit Stecknadeln auf Stoffreste, zeichne die Umrisse nach und schneide alles aus. Du brauchst je 5 Wäschestücke in Rot, Grün, Blau und Lila.

2 Pause mit Bleistift den Vogel von der Vorlage ab. Lege ihn mit der Bleistiftseite auf ein Stück gelbes Moosgummi. Reibe nun leicht mit dem Fingernagel über die Zeichnung, um sie auf das Moosgummi zu übertragen.

MATERIAL

* Vorlage Launiges Leinen-Spiel (Seite 142)
* Bleistift oder Kreidestift
* Nagelschere
* Stecknadeln
* Stoffreste in Rot, Grün, Blau und Lila, gebügelt
* Stoffschere
* Moosgummi in Gelb
* Permanent-Marker in Schwarz mit feiner Spitze
* Baumwollbeutel in Weiß, ca. 17 cm x 24 cm
* Bastelkleber
* Schnur, 2 m lang
* Farbwürfel (mit Rot, Grün, Blau, Lila, Gelb, Orange)
* 25 Mini-Wäscheklammern

3 Schneide den Vogel aus und zeichne mit Permanent-Marker Schnabel und Auge. Bastele so 5 gelbe Vögel.

4 Mit ein paar zusätzlichen Wäschestücken kannst du den Beutel zum Aufbewahren schmücken.

Spiel:
Zuerst wird die Leine gespannt. Nun werden alle Kleidungsstücke und die Vögel aufgehängt. Dann wird reihum gewürfelt. Ziel des Spiels: Möglichst viel Wäsche und Vögel von der Leine zu würfeln! Bei Rot, Grün, Blau und Lila darf ein entsprechendes Kleidungsstück genommen werden. Bei Gelb ist es ein Vogel. Orange ist die Niete, der nächste Spieler ist dran. Ist die Leine leer, werden die Punkte gezählt: Kleidungsstück = 1 und Vogel = 2.

TIPP

Du kannst die Kappe jeweils in Windrichtung drehen!

Für Rückenwind
RADFAHRENDES WINDRAD

1 Bemale bei geöffnetem Fenster die Vorderseite der Plastikfolie mit Nagellack-Tupfen und lasse sie trocknen. Verbinde mit Bleistift und Lineal die gegenüberliegenden Ecken auf der Rückseite.

2 Schneide die Linien von den Ecken zur Mitte 5 cm weit ein. Pikse auf einer Unterlage in jede zweite Spitze und in die Mitte der Folie ein kleines Loch.

MATERIAL
(für 1 Rad)

* Plastikfolie, 11 cm x 11 cm (z. B. alter Schnellhefter)
* Nagellack
* Bleistift
* Lineal
* Schere
* zum Lochen: dünner Nagel oder Sticknadel, Unterlage
* Aludraht, 1 mm stark, 20 cm lang
* ausgetrockneter Filzstift
* 2 Perlen, ø 8 mm
* Perle, ø 4 mm
* Zange
* Pfeifenputzer
* Wäscheklammer aus Plastik

3 Befestige ein Drahtende an der Stiftkappe. Fädele auf den Draht eine 8 mm Perle, die Folienmitte, alle gelochten Ecken, noch eine 8 mm Perle und die kleine Perle. Zum Schluss biegst du eine kleine Schlaufe und schneidest den Rest ab.

4 Mit zwei Pfeifenputzerstücken befestigst du die Wäscheklammer am Filzstift. Setze die Kappe auf den Stift. Fertig ist dein Windrad!

Ans Fahrrad klemmen, losfahren und hui.

Zuckerschmuck
HÜBSCHE HALSBONBONS

1 Stecke die Perle auf einen Schaschlikspieß und bemale sie mit bunten Pünktchen oder Streifen.

2 Schneide zwei kleine trapezförmige Filzstücke zu. Nimm die schmalere Seite zwischen Daumen und Zeigefinger und umwickle sie fest mit Nähgarn.

MATERIAL
(für 1 Bonbonkette)

* Holzperle, ø 16 mm
* Schaschlikspieß
* Acrylfarbe in Pink, Gelb, Blau und Lila
* feiner Haarpinsel
* Schere
* Filzreste
* Nähgarn
* Wäscheklammer
* Schnur in Bunt, etwa 70 cm
* Holzleim

3 Zerlege die Wäscheklammer, du brauchst nur das Metallstück. Klemme die bemalte Holzperle hinein. Ziehe die Schnur durch die Metallwindung und verknote die Enden.

4 Fast geschafft! Gib nun in jede Perlenöffnung einen Tropfen Holzleim und schiebe die Zipfel der Filzstücke hinein. Lasse den Leim trocknen.

Fertig ist dein Halsbonbon, hänge es mal um!

TIPP

Mit dem Stab kannst du die Tänzerin unter dem Tisch nun leiten, sodass es oben aussieht, als ob sie von allein tanzt.

Olé, olé!
FEURIGE FLAMENCOTÄNZERIN

1 Wickle von oben Wolle um die Wäscheklammer. Lege den Pfeifenputzer hinten auf die Klammer und wickle kreuzförmig darüber. Wickle weiter, bis nur noch 2 cm unten rausgucken.

2 Male mit den Filzstiften ein Gesicht. Lege aus Wolle eine Frisur und klebe sie auf den Kopf. Verziere die Haare mit Krepp-papierkügelchen.

3 Halbiere drei Krepppapier-streifen, stapele sie und falte sie fächerförmig. Runde die Ecken ab. Stecke sie mittig in die Klam-mer. Ziehe die Schichten zum Kleid auseinander.

4 Falte nun einen kleinen Ton-papierfächer und schmücke ihn mit Leim und Glitter. Befestige ihn in einer Hand.

5 Klebe je einen Magneten unter die Tänzerin und auf den Papp-Stab. Trocknen lassen.

MATERIAL
(für 1 Tänzerin)

* Wollreste
* runde Wäscheklammer
* Pfeifenputzerstück, etwa 12 cm lang
* Filzstifte in Rot und Schwarz
* Holzleim
* Krepppapierstreifen in verschiede-nen Farben, 20 cm breit
* Schere
* Tonpapier
* Glitter
* 2 starke Magnete
* dicker Pappstreifen, 2 cm x 30 cm (oder flacher Holzstab)

Olé!

Flatterhaft
SÜSSE SCHMETTERLINGE

1 Diese süßen Schmetterlinge sind schnell gemacht. Beklebe die Oberseite der Wäscheklammer mit Washi-Tape.

2 Für den Kopf fädelst du einen Pompon mittig auf ein 10 cm langes Stück Aludraht und biegst die Drahtenden zu Fühlern.

3 Klebe den Kopf oben an die Wäscheklammer. Noch zwei Wackelaugen aufkleben, fertig ist der Schmetterlingskörper.

4 Fülle einen Klarsichtbeutel mit einer Handvoll kleiner Schokolinsen. Kürze den Beutel oben, knicke die Öffnung zweimal um und klebe sie mit Klebefilm fest. Klemme dieses Päckchen als Flügel in die Schmetterlingsklammer.

MATERIAL
(für 1 Schmetterling)

* Wäscheklammern
* Washi-Tape (alternativ: buntes Papier)
* Pompons, ø 2 cm
* Aludraht, ø 1 mm, 10 cm lang
* Zange
* Bastelkleber
* 2 kleine Wackelaugen
* Klarsichtbeutel, 10–11 cm breit
* Mini-Schokolinsen
* Schere
* Klebefilm, transparent

Süß, oder?

Voll verplant!
ÜBERSICHTLICHER WOCHENPLANER

1 Schneide Pfeilspitzen aus buntem Moosgummi und klebe sie auf die Klemmseite der Klammern. Lege die Klammern so untereinander, dass die Pfeile abwechselnd nach rechts und nach links zeigen.

2 Schreibe mit Bleistift auf jede Klammer einen Wochentag und male die Buchstaben in der Farbe des Pfeils vorsichtig mit dem Pinsel nach.

MATERIAL

* Schere
* Moosgummireste in Bunt
* Holzleim
* 7 große Wäscheklammern, 10 cm lang
* Bleistift
* Acrylfarbe in Bunt
* feiner Haarpinsel
* Schnur, 1,40 m lang
* Kieselstein
* 48 Holzperlen in Bunt

3 Während die Farbe trocknet, bindest du ein Ende der Schnur wie beim Paket um den Kiesel-stein und knotest es gut fest.

4 Fädele zuerst 6 Perlen, dann den Sonntag, wieder 6 Perlen, dann den Samstag und so weiter auf, bis alle Wochentage und Perlen weg sind. Zum Schluss machst du eine Schlaufe.

Jetzt kannst du deine Termine festklemmen und weißt jeden Tag, was abgeht!

Für Feenträume
FEDERGESCHMÜCKTER FENSTERSTERN

1 Zerlege alle Wäscheklammern, du brauchst nur die Holzteile. Klebe immer zwei Klammerteile an den glatten Seiten zusammen.

2 Klebe zweimal 13 Holzteile zu einem Halbkreis und dann die beiden Halbkreise zum Stern zusammen.

MATERIAL

* 26 Holzwäscheklammern
* Holzleim oder Klebepistole
* Farbfolie, transparent
* Schere
* Sticknadel
* Schnur oder Garn in Pink und Hellblau
* 26 kleine bunte Pompons
* 6–8 kleine Federn

3 Klebe von der Rückseite durchsichtige Farbfolie in die Mitte. Jetzt besticke den Holzstern mit bunter Schnur.

4 Verziere den Stern mit bunten Pompons und kleinen, flauschigen Federn. Fädele noch eine Schnur zum Aufhängen durch eins der kleinen Löcher.

Aufhängen und
Feenträume fangen!

76

78

80

82

84

86

88

90

92

BLECHDOSEN

94

96

98

100

102

104

Auf und Ab
HEITERES JO-JO

1 Zuerst lochst du die Dosenböden mit Hammer und Nagel genau in der Mitte. Male die Außenseite farbig an.

2 Falte die Origamiblätter mittig, dann zum Quadrat und diagonal zum Dreieck. Schneide daraus zwei Papierdeckchen.

MATERIAL

* 2 Dosenböden, ø 7,5 cm
* Brett als Unterlage
* Hammer
* 2 Nägel, 3 cm lang
* Acrylfarbe
* Pinsel
* 2 Origamipapier, 7,5 cm x 7,5 cm
* Bleistift
* Nagelschere
* Kleister
* Korken, 2,5–3 cm lang
* Holzleim oder Klebepistole
* Baumwollschnur, 1 m
* 2 Holzperlen, ø 10 mm

3 Streiche Kleister auf die bunten Seiten und drücke die Papierdeckchen mit dem Pinsel glatt drauf.

4 Nach dem Trocknen klebe den Korken zwischen die Böden. Trocknen lassen. Binde die Schnur an den Korken.

5 Stecke auf beide Nägel eine Holzperle und hämmere sie vorsichtig durch das Loch in der Bodenmitte in den Korken.

Auf und nieder, immer wieder!

TIPP

Wenn du den Kuchen nicht direkt aus der Dose löffeln magst, kannst du den Boden mit einem Dosenöffner lösen und den Kuchen vorsichtig von unten herausdrücken!

LARA

Für kleine Bäcker
DUFTENDER DOSENKUCHEN

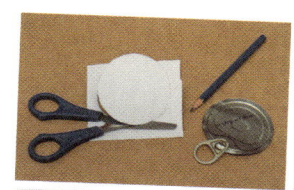

1 Rühre Eier, Vanille- und Zucker schaumig. Gib die übrigen Zutaten für den Teig dazu und verrühre alles. Öle die Dosen ein und fülle sie zu ³/₄ mit Teig. Backe den Kuchen 40 Minuten bei 180 Grad.

2 Währendessen bastelst du den Anhänger. Übertrage den Deckelumriss mit Bleistift auf buntes Papier und schneide ihn sorgfältig aus.

3 Lege den Papierkreis auf den Deckel und beklebe die Kante rundherum mit Washi Tape. Schreibe einen Gruß, Namen oder gute Wünsche darauf.

4 Rühre eine Glasur aus etwas Puderzucker und einigen Spritzern Wasser. Überziehe den Kuchen damit und streue die Zuckerstreusel darüber.

Hmm, lecker!

5 Ziehe Gummiringe über die Dose. Kürze den Trinkhalm und schneide ihn ein. Stecke ihn an die Dose und hänge den Grußdeckel ein.

ZUTATEN
(für 4 Dosenkuchen)

* 2 Eier
* 1 Päckchen Vanillezucker
* 1 Dose Zucker
* 2 Dosen Mehl
* ¹/₂ Päckchen Backpulver
* ¹/₂ Dose Öl plus etwas zum Einölen
* 1 Dose Orangen- oder Zitronenlimonade
* Puderzucker, Wasser und Zuckerstreusel zum Dekorieren

MATERIAL
(für 4 Dosen)

* 4 Dosen (gründlich gespült und evtl. scharfe Kanten geglättet)
* 4 Dosendeckel
* Bleistift, Buntstifte
* Papier in Bunt
* Schere
* Washi-Tape
* Gummiringe in Bunt
* 4 Trinkhalme

Für Trommelwirbel
KRACHMACHENDES SCHLAGZEUG

1 Säge die zwei Astgabeln und den Ast auf ca. 30 cm Länge.

2 Male Äste, Zapfen, Korkenscheiben und Dosen bunt an. Trocknen lassen.

3 Entferne mit dem Dosenöffner von einer großen und mittleren Dose den Boden. Diese und drei weitere Dosen an zwei gegenüberliegenden Seiten lochen. Fädele sie auf die Gummikordel und verknote die Enden.

4 Mit Pfeifenputzern bindest du die Astgabeln und den Ast zu einem Gestell zusammen.

MATERIAL

* Säge
* 3 Äste, davon 2 mit Astgabeln
* Kiefernzapfen
* 2 Korkenscheiben, 1 cm breit
* 6 Konservendosen in unterschiedlichen Größen
* Acrylfarbe in Bunt
* Pinsel
* Dosenöffner
* Hammer und Nagel
* Gummikordel, ø 3 mm
* 2 Pfeifenputzer
* Klebepistole
* 5 Luftballons
* 2 Schaschlikspieße

5 Hänge die Dosenkette um das Astgestell. Klebe den Zapfen auf und hänge eine kleine Dose an die andere Astgabel.

6 Schneide von den Luftballons die Hälse ab und stülpe sie über die Dosen.

7 Stecke die Korkenscheiben auf die Schaschlikspieße und schon kannst du lostrommeln!

Wie am Schnürchen
ROBOTER-MARIONETTE

MATERIAL

* 2 Konservendosen, ø 8,5 cm,
  8,5 cm hoch und ø 7,5 cm,
  8,2 cm hoch
* Dosenöffner
* Hammer und Nagel
* 7 Teelichtnäpfe
* 2 Papiertrinkhalme
* Schere
* 2 Dosenlaschen
* Aludraht, 1 mm stark
* 4 Holzperlen, ø 10 mm
* 3 kleine Perlen
* Zum Verzieren: Knöpfe, Draht,
  Zackenlitze, Muttern, Schmuck-
  steine, Klebeband, Alufolie,
  Metallschwamm
* Klebepistole
* 2 Holzstäbe, etwa 20 cm lang
* Schnur
* Klebeband

1 Entferne mit dem Dosen-öffner scharfe Kanten an den Dosen. Loche sie mit Hammer und Nagel mittig an zwei gegen-überliegenden Stellen. Die große Dose zusätzlich in der Boden-mitte. Loche fünf Teelichtnäpfe in der Bodenmitte.

2 Schneide 4 cm lange Trink-halmstücke. Für die Arme knote je eine Schnur an eine Dosenla-sche. Fädele Trinkhalm, Holzper-le, Trinkhalm und Teelichtnapf auf. Für die Beine knote je eine kleine Perle an eine Schnur. Fädele Teelichtnapf, Trinkhalm, Holzperle und Trinkhalm auf.

3 Knote eine kleine Perle an eine Schnur, fädele sie durch Körper, Teelichtnapf und beide Kopflöcher. Stecke einen Metall-schwamm als Gehirn in den Kopf.

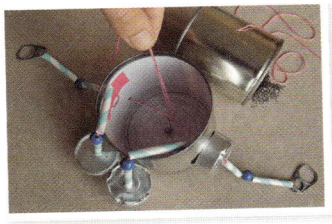 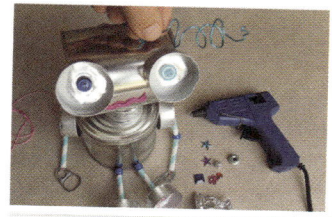 

4 Befestige die Beine mit Klebeband im Roboterkörper. Fädele beidseitig die Armschnüre durch die Löcher des Körpers und verknote sie miteinander.

5 Klebe dem Roboter Augen aus Teelichtnäpfen mit Knöpfen, einen Mund, Drahthaare und bunte Schalter aus Schmuck-steinen, Muttern, Alufolie …

6 Umwickle die Holzstäbe mit Alufolie. Verbinde sie mit Schnur zu einem T-Kreuz. Binde Schnüre an die Roboterhände. Knote alle Fadenenden an das Kreuz. Sicher kann dir dabei jemand helfen.

Buhuuu, der Kirschbaumgeist
WINDIGES GRUSELGESPENST

MATERIAL

* Acrylfarbe in Weiß und Schwarz
* Pinsel
* Konservendose ohne Boden,
  ø 11,7 cm, 10,2 cm hoch
* kleiner Schwamm
* Hammer und Nagel
* Schere
* Einwegbesteck in Weiß
* Flatterbänder in Weiß:
  Stoffstreifen, Spitze, Müllbeutel
* doppelseitiges Klebeband
  oder Bastelkleber
* optional: Nachtleuchtfarbe

1 Bemale die Dose mit weißer Farbe. Trage zwei Schichten auf, die erste mit dem Pinsel, die zweite mit dem kleinen Schwamm. Trocknen lassen. Mit Schwarz malst du Augen- und Mundhöhlen.

2 Schlage mit Hammer und Nagel in jede Seite zwei Löcher: zwei zum Aufhängen direkt unter dem Rand und zwei mittig für die Arme. Die Löcher für die Arme weitest du mit der Schere.

3 Stecke Messer und Gabel in die Armlöcher und knote ein dünnes weißes Band zum Aufhängen oben an das Gespenst.

4 Klebe einen Streifen doppelseitiges Klebeband innen am Dosenrand entlang. Befestige daran die Flatterbänder aus unterschiedlichen Materialien.

TIPP
Bemale das Gespenst mit Nachtleuchtfarbe, dann leuchtet es im Dunkeln!

Buhuuuuh!

Zum Frisieren
FARBENFROHE BLUMENWÄCHTER

1 Mit Hammer und Nagel schlägst du einige Löcher in den Boden der flachen Dose, damit das Gießwasser abtropfen kann.

2 Schneide die runden Luftballons in Gummiringe und stülpe sie über die hohe Dose. Von vier länglichen Luftballons schneide den Rand ab und stecke sie als Arme und Beine unter die Gummiringe.

MATERIAL
(für 1 Wächter)

* Hammer und Nagel
* 2 Konservendosen, davon eine flache (Thunfisch)
* Schere
* Luftballons in Bunt, längliche und runde
* Bastelkleber
* Blumen zum Bepflanzen

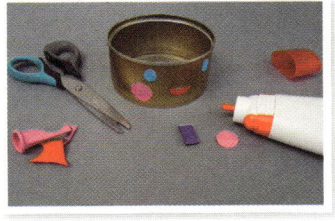

3 Aus Luftballonresten schneide Augen, Nase und Mund. Klebe der flachen Dose ein Gesicht. Stapele die Dosen aufeinander und pflanze eine lustige Frisur.

Gießen nicht vergessen!

Für Dunkelfürchter
TRÖSTENDES EINSCHLAFLICHT

1 Zeichne mit dem Marker ein einfaches Lochmuster auf. Stopfe die Dose mit einem Lappen fest aus und schließe den Deckel.

2 Nun schlägst du mit Hammer und Nagel die Löcher ein. Pass dabei gut auf deine Finger auf!

MATERIAL

* Permanent-Marker
* Konservendose mit Plastikdeckel
* Lappen oder altes Handtuch
* Hammer und Nagel
* Pinsel
* Acrylfarbe in Hellblau und Grün
* kleiner Schwamm
* 3 Holzperlen
* Klebepistole
* Nagelschere
* Lichterkette mit Schalter

3 Bemale die Dose in Blau: Trage erst eine Schicht mit dem Pinsel auf. Nach dem Trocknen tupfst du eine zweite Schicht mit dem Schwamm auf.

4 Male die Holzperlen grün an. Die getrockneten Perlen klebst du mit der Klebepistole gleichmäßig verteilt auf den Plastikdeckel.

5 Schneide eine Kerbe für das Kabel der Lichterkette in den Deckelrand. Lichterkette in die Dose, Kabel in die Kerbe, Deckel drauf, umdrehen und Licht an!

Schlaf gut!

Fundstücke aus der Ferne
WITZIGE URLAUBSKONSERVEN

MATERIAL

* Konservendosen, flach
* Moosgummi
* Bleistift
* Schere
* Bastelkleber oder Klebepistole
* Filzreste
* zum Verzieren: Draht, Schmucksteine, Knöpfe, Garn, Glitter …
* Urlaubsschätze: Steine, Muscheln, Treibholz, Tannenzapfen …
* Mal- oder Wasserfarbe
* Pinsel
* Bildaufhänger

1 Wunderschöne Muscheln vom Strand, kleine Schätze aus dem Wald oder ein Schneckenhaus aus dem Gebirge? Gestalte mit deinen Fundstücken eine Urlaubskonserve.

2 Lege die Dose auf ein Stück Moosgummi. Ziehe mit Bleistift den Umriss nach, schneide die Form aus und klebe sie als Hintergrund in die Dose.

3 Gestalte eine Landschaft aus Filz, Garn, Zweigen, Kunstrasen … Klebe alles gut in der Dose fest.

4 Nun setze deine Urlaubsschätze in Szene. Male Steinen lustige Gesichter oder verwandle Eicheln in Tiere … Zum Schluss klebst du hinten an die Dose einen Bildaufhänger.

Ach wie schön sind Ferien …

… auf dem Bauernhof.

… am Meer.

… in den Bergen.

Für Sieger
GLÄNZENDE BLECHMEDAILLE

1 Biege die Dosendeckel mit einer Zange gleichmäßig flach. Vorsicht, die Deckelkante ist scharf, ziehe Arbeitshandschuhe über. Drehe die Lasche nach oben.

2 Umklebe den Rand vorsichtig mit bunten Klebepunkten. Streiche die Oberseite des Deckels mit Bastelkleber ein und streue etwas Glitter darüber.

MATERIAL

* Dosendeckel mit Lasche
* Zange
* Arbeitshandschuhe
* Klebepunkte in Bunt, ø 12 mm
* Bastelkleber
* Glitter
* Keksausstecher in Sternform
* Moosgummi
* Schere
* Streusternchen in Silber
* Geschenkband, 2,5 cm breit, 75 cm lang

3 Drücke mit dem Keksausstecher einen Stern ins Moosgummi und schneide ihn aus. Klebe einen leuchtenden Punkt in die Mitte.

4 Klebe den Stern mitten auf die Medaille. Verteile ein paar Streusterne drumherum. Fädele ein Geschenkband durch die Metalllasche.

Na, wer hat diese Medaille verdient? Die liebste Oma, der tollste Opa oder der beste Freund?

Ich bin schon soooo groß!
STAKSIGE MONSTER-STELZEN

1 Schneide von den Socken die Füße ab und stülpe sie über die Dosen.

2 Schneide den Schwamm in breitere Streifen und daraus sechs dreieckige Monsterzehen.

MATERIAL

* Schere
* Paar Socken
  (dürfen auch löchrig sein)
* 2 Konservendosen, ø ca.10 cm
* Haushaltsschwamm
* Klebepistole
* Hammer und Nagel
* 2 Wäscheleinen, 1,50 m lang

3 Mit der Klebepistole klebst du sie nebeneinander an den unteren Rand der Sockendosen.

4 Mit Hammer und Nagel schlägst du zwei gegenüberliegende Löcher am Rand oben in die Dosen. Fädele die Wäscheleine hindurch und verknote die Enden.

Jetzt kannst du monstermäßig durch die Gegend stapfen!

Kribbel krabbel
KLEINE REISSVERSCHLUSS-SPINNE

1 Befestige als Aufhänger ein Stück Schnur am kleinen Loch der Dosenlasche.

2 Wickle ein Wollknäuel für den Kopf und klebe es auf den schmalen Teil der Lasche. Wickle noch ein größeres schwarzes Knäuel für den Körper.

MATERIAL

* etwas Schnur
* Dosenlasche
* Wollreste in Schwarz und Bunt
* Bastelkleber
* Schere
* Faden in Knallfarbe
* 2 kleine Wackelaugen

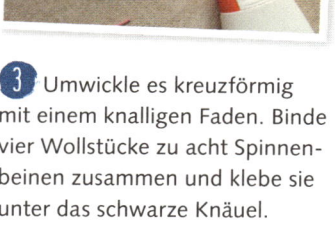

3 Umwickle es kreuzförmig mit einem knalligen Faden. Binde vier Wollstücke zu acht Spinnenbeinen zusammen und klebe sie unter das schwarze Knäuel.

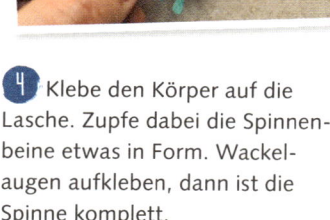

4 Klebe den Körper auf die Lasche. Zupfe dabei die Spinnenbeine etwas in Form. Wackelaugen aufkleben, dann ist die Spinne komplett.

Lasse sie lustig am Reißverschluss deiner Lieblingsjacke oder deiner Sporttasche baumeln!

Für Krimskrams und Klimbim
NETTE KRUSCHTELDOSEN

1 Entferne mit dem Dosenöffner die scharfe Innenkante. Schneide Geschenkpapier in Höhe und Umfang der Dose zu.

2 Bestreiche die Dose mit Kleister und lege das Papier darauf. Drücke es mit einem Lappen glatt.

MATERIAL
(für 1 Dose)

* Dosenöffner
* Konservendosen
* Schere
* Geschenkpapier in Bunt
* Lineal
* Kleister
* Lappen
* Pappe
* Moosgummi
* Bleistift
* Hammer und Nagel
* Pfeifenputzer
* Perlen
* Bastelkleber

3 Für den Deckel übertrage den Dosenumriss auf Pappe und schneide ihn aus. Drücke den Doserand auf Moosgummi und schneide ihn etwas kleiner aus.

4 Streiche den Pappkreis mit Kleister ein und lege ihn auf buntes Papier. Schneide das Papier mit 2 cm Rand aus. Den Rand schneide ringsum bis zur Pappe ein und knicke ihn um.

Nun kannst du Krimskrams sammeln!

5 Loche den Deckel mittig. Biege aus Pfeifenputzern den Griff und stecke ihn durch Perle und Pappdeckel. Verdrehe flach die Enden und klebe den Moosgummikreis auf.

99

Für Langschläfer
LAUTLOSER WECKER

1 Bemale die Dose türkis und die beiden Korken rosa. Nach dem Trocknen zeichne mit Bleistift die Ziffern an und male sie mit dem Haarpinsel farbig nach.

3 Loche den oberen Dosenrand an der 10 und der 2. Stecke die Drahtenden durch die Löcher und biege sie innen um.

5 Schlage ein Loch genau in die Mitte des Zifferblatts. Weite es mit der Schere, bis die Zeigerwelle des Uhrwerks hineinpasst.

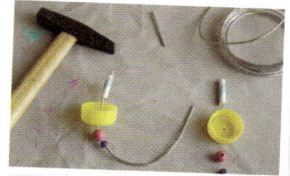

2 Schneide 2,5 cm lange Trinkhalmstücke. Loche die Plastikdeckel mit Hammer und Nagel. Biege den Draht. Fädele auf die Enden eine kleine und große Perle, einen Deckel und ein Trinkhalmstück.

4 Klebe die Korken mit der Klebepistole oder Bastelkleber unter die Uhr. Der Bastelkleber braucht länger zum Trocknen.

6 Stecke das Uhrwerk in die Dose und montiere die Zeiger. Lasse dir eventuell helfen.

MATERIAL

* Pinsel
* Acrylfarbe in Bunt
* flache runde Konservendose (Thunfisch)
* 2 Korken
* Bleistift
* feiner Haarpinsel
* Schere
* Papiertrinkhalm
* 2 Plastikdeckel
* Hammer und Nagel
* Zange
* Aludraht, 2 mm stark, 18 cm lang
* 4 Holzperlen, 2 x ø 6 mm und 2 x ø 10 mm
* Bastelkleber oder Klebepistole
* Uhrwerk, Zeiger und Batterie

Tick, tack ...

Für fleißige Bienen
GASTFREUNDLICHES INSEKTENHOTEL

1 Male Dose und Schrauben schwarz an. Nach dem Trocknen male Gesicht und Streifen auf.

2 Biege die beiden Drahtstücke zu Flügeln. Male die Flügel und den Holzstab hellblau an.

3 Schlage mit Hammer und Nagel oben zwei Löcher für die Fühler, seitlich zwei für die Flügel und unten eins für den Holzstab. Weite dieses ein wenig.

4 Stecke die schwarzen Schraubenfühler, die Flügel und den Stab in die Löcher der Dose. Überziehe alles mit Klarlack.

MATERIAL

* Konservendose
* 2 Schrauben
* Acrylfarbe in Schwarz, Gelb, Hellblau, Weiß und Rosa
* Pinsel
* 2 Aludrähte, 2 mm stark, 20 cm lang
* Holzstab, ø 1 cm, 60 cm lang und an einer Seite angespitzt.
* Hammer und Nagel
* Klarlack
* Säge
* Füllung: Bambusstäbe, dünne Ästchen
* Gartenschere

5 Säge Bambusstäbe auf Dosenlänge und stopfe sie mit Ästchen fest hinein.

Pflanze die Biene in den Garten und schon können die ersten Gäste einziehen!

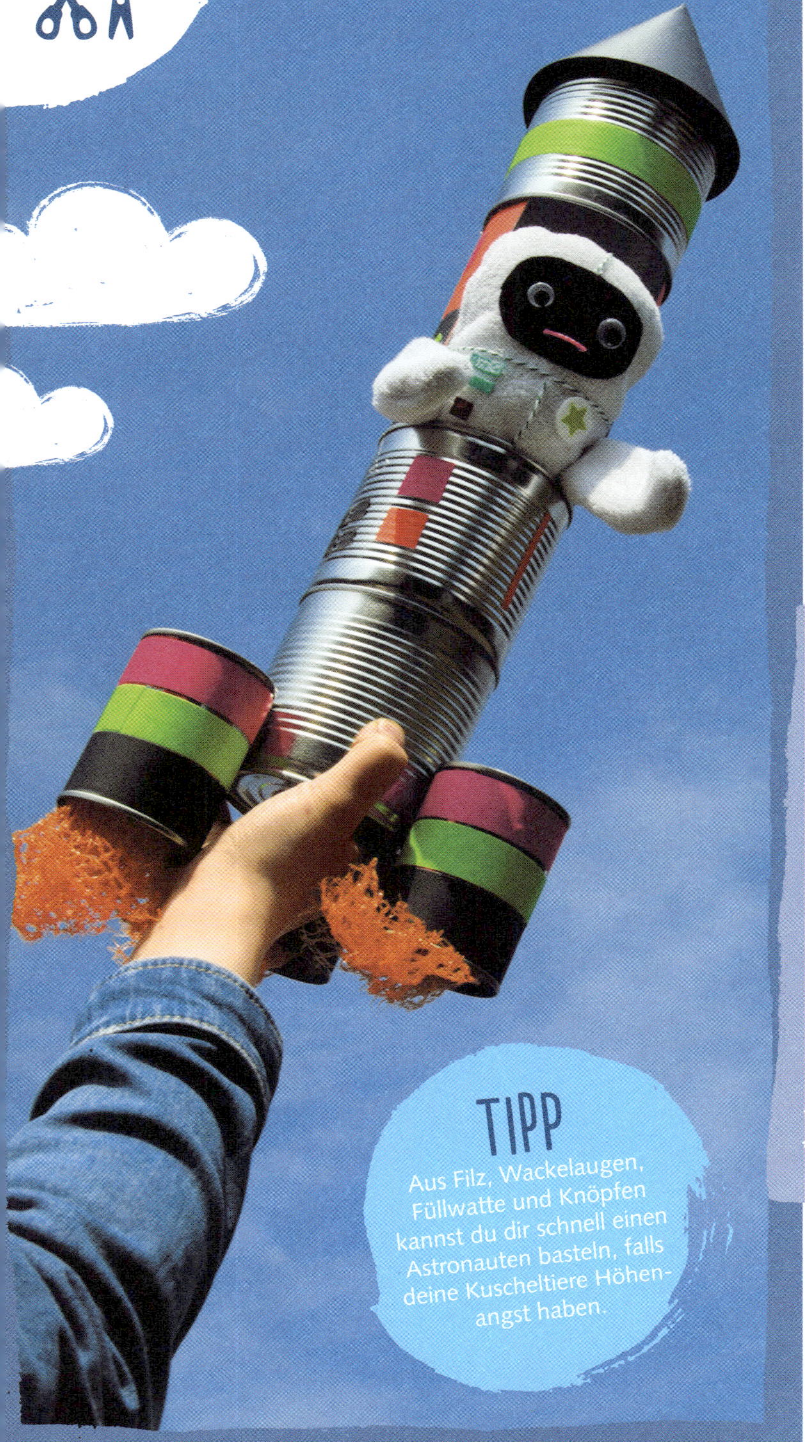

Ready, steady, go!

RAUMFAHRER-RAKETE

MATERIAL

* Dosenöffner
* 3 mittlere Konservendosen, ø 8,5 cm, 8,5 cm hoch
* 3 kleine Konservendosen (z. B. Tomatenmark)
* Gewebe-Klebeband in Bunt und Schwarz
* Schere
* Stapelchipsdose
* Klebepistole
* Bleistift
* Kuchenteller, ø 20 cm
* Tonkarton in Schwarz, ca. 23 cm x 23 cm
* Lineal
* Zwiebelnetz

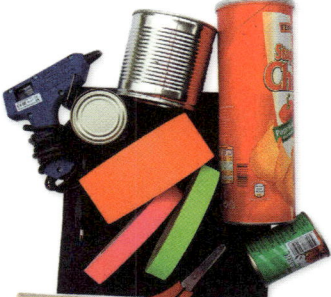

TIPP

Aus Filz, Wackelaugen, Füllwatte und Knöpfen kannst du dir schnell einen Astronauten basteln, falls deine Kuscheltiere Höhenangst haben.

1 Entferne mit dem Dosenöffner scharfe Kanten. Verziere die kleinen Dosen mit Klebeband.

2 Schneide die Chipsdose der Länge nach auf und den Boden ab. Biege die Rolle und schneide längs 6 cm ab. Verziere die Außenseite mit Klebeband.

3 Klebe die Chipsdose mit der Klebepistole zwischen zwei mittlere Dosen. Klebe drei kleine Dosen um die dritte mittlere Dose. Klebe beide Teile aufeinander.

4 Zeichne den Umriss des Tellers auf Tonkarton und schneide ihn aus. Schneide den Kreis bis zur Mitte ein. Schiebe ihn zu einer Spitze und klebe ihn mit schwarzem Klebeband zusammen. Befestige ihn mit der Klebepistole auf der Rakete.

5 Verschönere auch die großen Dosen mit Klebeband. Klebe in jede der kleinen Dosen ein Stück Zwiebelnetz. Suche noch schnell einen Astronauten!

Zehn, neun, acht ... der Countdown für die Reise ins Weltall beginnt!

108

110

112

114

116

118

120

122

124

EISSTIELE

126

128

130

132

134

136

138

140

Auf Kriegspfad
BUNT BEMALTES INDIANERDORF

1 Für die drei Zelte male je vier Eisstiele rot, gelb und blau an.

2 Falte die Papierbogen. Öffne sie, knicke an den Längsseiten 0,5 cm als Klebekante um. Falte sie wieder und schneide die Ecken ab.

3 Zeichne mit Bleistift ein einfaches Strichmuster auf die Zeltplanen. Loche die Striche an Anfang und Ende mit der Sticknadel. Besticke sie bunt mit Garn.

4 Klebe nun je zwei gleiche Eisstiele zu einem „V", die Enden sollten sich leicht kreuzen. Klebe an die schmalen Kanten der bestickten Zeltplane ein Eisstiel-V.

5 Für den Totempfahl kürze einen großen Eisstiel und runde die Ecken ab. Klebe ihn quer auf den anderen. Bemale den Pfahl bunt und schmücke ihn mit Wollfäden.

6 Aus Zweigstücken und Märchenwolle klebst du noch ein gemütliches Lagerfeuer.

MATERIAL

* 12 kleine Eisstiele
* 2 große Eisstiele
* Acrylfarbe in Rot, Gelb und Blau
* Pinsel
* 3 feste Papierbogen in Weiß, 18 cm x 12 cm
* Schere
* Bleistift
* Unterlage aus Pappkarton
* Sticknadel
* Wolle oder Stickgarn in Bunt
* Holzleim
* Zweigstücke, 3–5 cm lang
* Märchenwolle in Orange und Rot

Jetzt kann das Abenteuer beginnen!

Für Buchhelden
SUPERSTARKES LESEZEICHEN

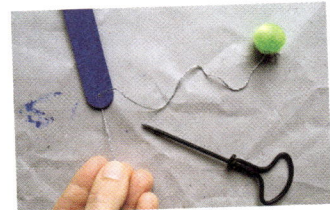

1 Male den Eisstiel blau an, lasse oben ein Stückchen für den Kopf frei. Klebe an den Kopf eine wilde Sturmfrisur aus Plüsch.

2 Mit der Sticknadel fädele das Garn durch den Pompon und knote es fest. Bohre mit dem Handbohrer ein Loch in das Eisstielende und binde das andere Garnende daran.

MATERIAL

* Eisstiel, 15 cm
* Malfarbe in Blau, Weiß und Schwarz
* Pinsel
* Bastelkleber
* Plüsch oder Märchenwolle in Schwarz
* Sticknadel
* Garn, ca. 20 cm
* kleiner Pompon
* Handbohrer
* Tonkarton in Grün oder Pink
* Bleistift
* Schere
* Zeitung

3 Lege den Superhelden auf den Tonkarton. Zeichne mit Bleistift einen Umhang an. Schneide ihn aus und klebe ihn an.

4 Schneide einen Streifen für die Maske und eine kleine Raute aus Tonkarton plus ein „S" aus einer Zeitung. Klebe das „S" auf die Raute und alles auf den Eisstiel. Male das Gesicht auf.

Super! Dieser Held begleitet dich auf all deinen Leseabenteuern!

Für Weltraumeroberer
GALAKTISCHES MURMEL-LABYRINTH

1 Male den Deckel schwarz aus. Streue etwas Glitter in die feuchte Farbe. Spritze bunte Farbkleckse darüber.

2 Bemale je vier Eisstiele in Lila, Türkis, Rot und Hellgrün. Lasse alles trocknen.

3 Lege ein Labyrinth aus ganzen und halben Eisstielen: Lasse zwei gegenüberliegende Ecken frei. Sobald der Weg passt, klebe die Stiele hochkant an. Fixiere sie mit Wäscheklammern, bis der Leim fest ist.

4 Male in die eine Ecke ein silbernes Ufo mit einem Außerirdischen. In die andere Ecke malst du seinen Planeten.

Zeige dem kleinen Außerirdischen mit der Murmel den Weg zu seinem Heimatplaneten!

5 Klebe noch ein paar silberne Streusternchen auf und schon kann die Reise durch die Galaxis beginnen …

Für Liedgeschichten
SCHRÄGE MUNDHARMONIKA

1 Lege einen Eisstiel auf die Folie, zeichne mit Bleistift die Umrisse an und schneide die Form aus. Schneide aus Moosgummi zwei kurze Streifen in Eisstielbreite zu und klebe sie an die Enden von einem Stiel.

2 Klebe auf den zweiten Eisstiel zwei Knöpfe und ein Stück Zackenlitze dazwischen.

MATERIAL

* 2 Eisstiele, 15 cm
* Plastikfolie (Verpackung, Plastiktüte)
* Bleistift
* Schere
* Moosgummirest
* Holzleim
* 2 kleine Knöpfe
* Zackenlitze
* Garn

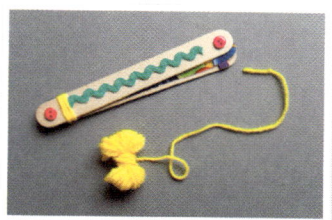 

3 Nun stapelst du alles: erst den Folienstreifen auf den Moosgummi-Stiel und darauf den bunten Eisstiel. Umwickle sie an beiden Enden mit Garn und verknote die Fäden auf der Rückseite.

Jetzt puste hinein, das klingt echt schräg!

 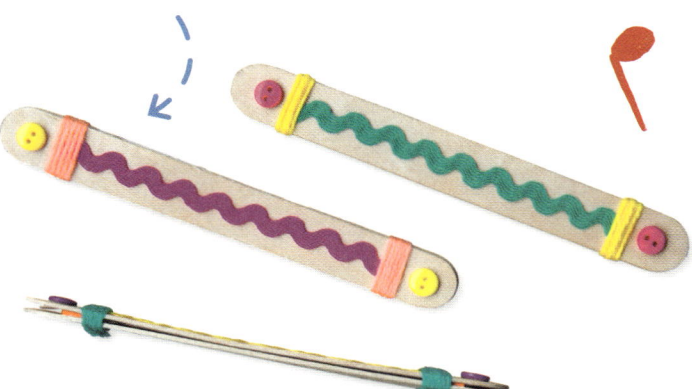

TIPP

Armreifen am Tag
vorher kochen und
über Nacht im Glas
trocknen lassen!

Schmuckstück
FREUNDSCHAFTS-ARMREIF

1 Koche die Eisstiele für eine Stunde. Lasse sie kurz abkühlen. Biege sie langsam und klemme sie in ein Trinkglas. Dort bleiben sie 24 Stunden zum Trocknen.

2 Nimm die Armreifen aus dem Glas und bemale sie mit bunten Farben. Nach dem Trocknen kannst du sie mit einer Schicht Klarlack überziehen.

MATERIAL

* 2 Eistiele, 15 cm
* Kochtopf mit Wasser
* Trinkglas
* Acrylfarbe in Bunt
* Pinsel
* optional: Klarlack
* Handbohrer
* Stick- oder Baumwollgarn
* einige Perlen
* zum Verzieren: Knöpfe, Pompons, Schmucksteine …
* Holzleim

3 Bohre mit dem Handbohrer vorsichtig ein Loch in die Eisstielenden. Ziehe ein Stück Garn durch beide Löcher. Fädele auf jedes Garnende ein oder zwei Perlen und mache einen Knoten.

4 Wenn du magst, verziere deine Armreifen mit Schmucksteinen, kleinen Pompons oder bunten Knöpfen zu einzigartigen Schmuckstücken.

Best friends forever!

TIPP

Mit Klebegummi kannst du die Buchstaben leicht an der Wand befestigen!

Für deinen Namen
KUNTERBUNTE BUCHSTABEN

1 Lege die Buchstaben deines Namens aus Eisstielen. Mit der Gartenschere lassen sich die Holzstiele gut durchschneiden.

2 Sobald alles richtig liegt, klebst du die Buchstabenteile mit Holzleim aneinander. Lasse den Leim trocknen.

MATERIAL

* Eisstiele
* Gartenschere oder Schere
* Holzleim
* Malfarbe
* Pinsel
* zum Verzieren: Streusternchen, Glitter, Wackelaugen, Pompons ...
* zum Aufhängen: Klebegummi

3 Gestalte die Holzbuchstaben ganz, wie du magst, bunt mit Farbspritzern, Glitter, Wackelaugen oder Pompons.

**Ab an die Wand damit!
Oder besser noch die Zimmertür!**

TIPP

Bastle aus den restlichen Eisstielen eine Leiter und ein Schild, damit Besucher das Feenhaus finden können.

FEE

Glanz und Glitterstaub
ZAUBERHAFTER FEENBAUM

1 Für die Tür male zehn kleine Eisstiele pink und drei weiß an. Schneide von einem weißen Stiel einen 2 cm langen Türgriff ab.

2 Lege die pinken Eisstiele zu einer geschwungenen Tür. Klebe zwei weiße Stiele quer darüber und den Türgriff auf. Zum Trocknen lege ein schweres Buch darauf.

MATERIAL

* 22 kleine Eisstiele
* Malfarbe in Rot, Weiß und Pink
* Pinsel
* Schere
* Holzleim
* 4 große Eisstiele
* Schleifpapier
* Streuherzen
* Glitter
* optional: Stempelbuchstaben und silbernes Stempelkissen

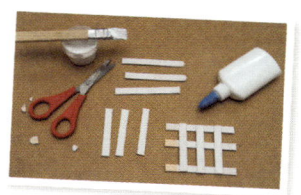

3 Für die Fensterläden schneide die großen Eisstiele auf 8 cm. Runde die Schnittkanten ab und male die Fensterläden rot an.

4 Die übrigen Eisstiele malst du weiß. Für die Fenster schneide daraus je 6 Stücke, 6,5 cm für die Längs- und 8,5 cm für die Querbalken.

Zauberhaft! Schon kann die Fee in den Baum im Garten einziehen!

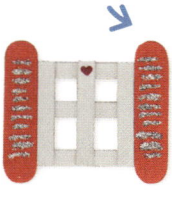

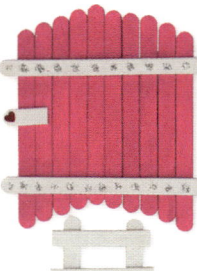

5 Lege drei von den längeren Stücken quer und klebe drei kürzere Stücke senkrecht darüber, mit Überstand rechts und links. Darauf klebe die Fensterläden.

6 Sobald alles gut getrocknet ist, verziere die Tür und die Fenster mit Streuherzen und Glitter.

Tor, Tor!
SPORTLICHES MINI-EISHOCKEY

1 Schneide vier Eisstiele genau in der Mitte durch. Klebe je zwei Hälften mit Holzleim V-förmig zusammen.

2 Kürze zwei Eisstiele auf 8 cm. Mithilfe von Wäscheklammern stelle die „Vs" umgekehrt hin. Klebe je zwei „Vs" und einen kurzen Eisstiel zum Torgestell.

MATERIAL

* 10 Eisstiele
* Schere oder Gartenschere
* Holzleim
* Wäscheklammern zum Festhalten
* Schleifpapier
* Acrylfarbe in Pink und Türkis
* Pinsel
* doppelseitiges Klebeband
* feines Netz (Knoblauch o.Ä.)
* kleiner Knopf

3 Kürze für die Torlatte zwei Eisstiele auf 9,5 cm und runde die Ecken ab. Bemale je einen und ein Torgestell in Pink und in Türkis.

4 Klebe doppelseitiges Klebeband von innen an die zwei vorderen Torbeine und den Querbalken.

Such einen kleinen Knopf als Puck und das Spiel kann beginnen!

5 Lege ein Stück Netz straff um das Tor und schneide es grob zu. Drücke es innen am Klebeband fest und schneide Reste ab. Klebe oben an den Querbalken die Torlatte.

6 Für die Schläger schneide zwei Eisstiele bei 3 cm durch. Klebe das kurze Stück schräg an das längere. Nach dem Trocknen bemalst du einen in Pink und einen in Türkis.

123

Achtung, fliegende Gummibären
SCHARFSCHIESSENDES KATAPULT

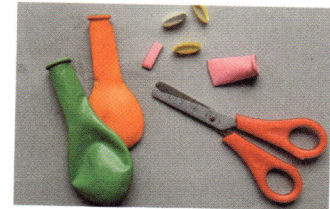

1 Gib die Ostereierfarbe in Gläser, fülle sie halb voll mit Wasser und rühre gut um. Stelle in jedes Glas einige Eisstiele. Nach 5 bis 15 Minuten stellst du sie mit der anderen Seite in die andere Farbe.

2 Lasse die bunten Stiele auf Küchenpapier oder einem alten Lappen trocknen. Inzwischen schneidest du Luftballonhälse in kleine, bunte Gummiringe.

MATERIAL

* Ostereierfarben in Rot und Gelb
* 2 Gläser, Löffel
* 7 Eisstiele (entweder 2 große und 5 kleine, oder 7 gleiche)
* Küchenpapier oder alter Lappen
* einige Luftballons
* Schere
* Plastikdeckel
* Klebepistole oder Holzleim
* Gummibärchen als Munition

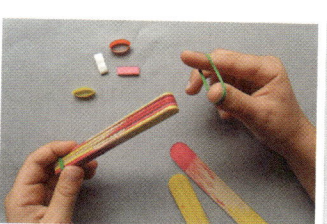

3 Staple nun fünf gleich große Eisstiele und umwickle die Enden mit bunten Gummiringen.

4 Lege zwei Eisstiele übereinander und wickle einige Gummiringe um eine Seite. Schiebe den Fünferstapel quer dazwischen und fixiere ihn kreuzweise mit Gummiringen. Klebe den Plastikdeckel auf den oberen Eisstiel.

Jetzt fehlt nur noch die Munition – wo sind die Gummibärchen?

125

Klar zum Entern!
FLUSSPIRATENFLOSS

1 Lege 11 Eisstiele längs nebeneinander. Klebe je einen Eisstiel quer über die Enden und in die Mitte. Zum Trocknen lege ein schweres Buch darauf.

2 Schneide die Seiten des Moosgummiquadrates nach oben etwas schräg zum Segel. Bemale es mit einem leckeren Eis.

3 Male den halben Korken bunt an und schneide aus einem Stoffrest eine kleine Fahne.

4 Klebe den halben Korken mitten auf das Floß. Klebe an die stumpfe Seite des Schaschlikspießes die Holzperle. Die kleine Fahne kommt darunter. Pikse den Spieß erst oben und unten durch das Segel und dann in das Korkenstück.

5 Bastle aus den drei Korken eine Piratenbande: Beklebe sie zur Hälfte mit einem Stück Stoff und male mit dem Zahnstocher die Gesichter auf. Binde ihnen einen Stoffrest als Kopftuch um.

Ahoi, jetzt kommen die Eispiraten!

Keine Zeit für Langeweile
BECHER VOLL MONSTERIDEEN

1 Male die Eistiele an einem Ende farbig an. Immer drei Stück in einer Farbe. Lasse die Farbe trocknen. Bemale den restlichen Stiel mit Tafelfarbe.

2 Beklebe die bunten Enden mit Wackelaugen und male mit dem Zahnstocher Monstermäuler dazu.

Wann immer dir langweilig ist, zieh eine Monsteridee!

3 Beschrifte die Tasse mit Farbe und Prägegerät. Überlege dir Spiele und lauter Sachen, die Spaß machen. Schreibe sie mit Kreidestift auf die Monsterstäbe.

TIPP
Du kannst die Monsterstäbe mit einem feuchten Lappen abwischen und neue Ideen draufschreiben, dann wird es garantiert nie langweilig!

TIPP
Probiere unterschiedliche Oberflächen zum Schlittern aus.

Nordpol gegen Südpol
BÄRIGE EISLÄUFER

1 Zuerst male alle Eisstiele weiß an. Male mit Schwarz das Gesicht auf. Danach bekommt jeder Bär Streifen in einer anderen Farbe. Den unteren Teil malst du hellblau.

2 Während die Farbe trocknet, fertigst du für jeden Eisbären eine Mütze. Mache einen Knoten in einen Luftballonhals. Schneide ihn oberhalb des Knotens ab – fertig ist die Bommelmütze! Setze jedem Eisbären eine auf.

3 Fülle einen Joghurtbecher etwa 4 cm hoch mit Wasser. Lege eine Wäscheklammer quer über den Rand. Klemme den Eisbären hinein, sodass er etwa 1,5 cm über dem Boden hängt. Ab ins Eisfach damit!

Sobald das Wasser gefroren ist, kannst du die Bären auf ihrer Eisscholle schlittern lassen! Welcher schlittert am weitesten?

Attacke!
PFEIL UND BOGEN

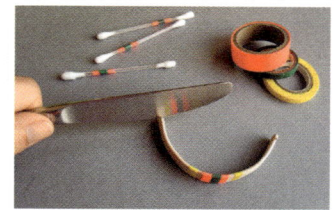

1 Koche die Eisstiele für eine Stunde. Lasse sie kurz abkühlen. Biege sie vorsichtig zu einem Bogen und klemme sie in das Trinkglas. Lasse sie über Nacht dort trocknen.

2 Verziere den Eisstielbogen und ein paar Wattestäbchen mit Streifen aus Washi-Tape. Dann ritze mit dem Messer beidseitig Kerben in die Bogenenden.

MATERIAL

* Eisstiel (mehrere, falls einer beim Biegen zerbricht …)
* Topf mit Wasser
* Trinkglas
* Wattestäbchen
* Washi-Tape
* Messer
* Stickgarn
* optional: Reisepackung von Wattestäbchen, Handbohrer, kleiner Karabiner

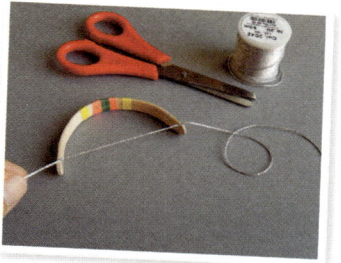

3 Binde ein Stück Stickgarn an einer gekerbten Seite fest. Wickle das Garn straff um das andere gekerbte Bogenende und knote es fest.

Und jetzt: Pfeil anlegen, Bogen spannen, zielen und los flitzt der Pfeil!

TIPP

Mach dir aus einer Reisepackung Wattestäbchen einen Köcher! Bohre ein Loch hinein, befestige einen kleinen Karabiner daran und hänge ihn an deine Gürtelschlaufe. So hast du immer genug Pfeile!

Für Erinnerungen
SCHÖNE BILDERGALERIE

① Beklebe zwei der Eisstiele mit buntem Washi-Tape.

② An einen weiteren Eisstiel knotest du ein Stück Garn zum Aufhängen.

MATERIAL

* 4 Eisstiele pro Bilderleiste
* Washi-Tape
* Schere
* Garn
* Foto oder kleines Kunstwerk
* Klebestift oder doppelseitiges Klebeband.

③ Klebe den Eisstiel mit dem Aufhänger oben an die Rückseite deines Bildes. Klebe einen weiteren Eistiel an die Unterkante.

④ Dreh das Bild um und klebe die bunt verzierten Eisstiele ebenfalls an die obere und untere Bildkante.

Geschafft – jetzt kannst du das Bild aufhängen!

TIPP
Die Eisstiele kannst du auch mit Ostereierfarbe einfärben.

Freilichtbühne
COOLES BAUCHTHEATER

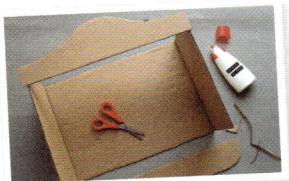

1 Schneide vom Karton die längeren Seitenteile ab. Schneide daraus einen 6 cm langen geraden Streifen und einen geschwungenen Streifen zu. Klebe den geschwungenen Streifen oben quer auf den Karton und den geraden unten.

2 Bemale den Karton mintgrün. Wenn die Farbe trocken ist, beklebe die Seitenkanten mit Papiertrinkhalmen. Beklebe innen die Rückseite des Theaters mit Alufolie. Verziere das Theater mit kleinen Pompons und Alufolie.

3 Fädele die schmalen Kanten der Stoffstücke auf den Draht. Bohre oben an den Theaterseiten ein kleines Loch.

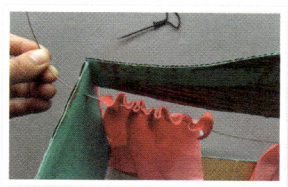

4 Schiebe die Drahtenden von innen durch die Löcher und befestige sie.

5 Hefte mit dem Bürotacker ein Band zum Umhängen rechts und links an die Rückwand.

6 Zeichne Figuren auf dünne Pappe und schneide sie aus. Gestalte sie und klebe je einen Eisstiel daran.

Und jetzt: Bauchtheater um — Vorhang auf!

137

Für Fingerakrobaten
SUPER SKATEBOARD

1 Schneide den Eisstiel in der Mitte durch. Runde von einer Hälfte die Ecken mit Schere und Schleifpapier ab.

2 Male mit Filzstiften ein supercooles Muster auf dein Fingerboard!

MATERIAL

* Eisstiel, 15 cm lang
* Schere oder Gartenschere
* Schleifpapier
* Filzstifte
* Papiertrinkhalm
* Holzleim
* Wattestäbchen
* 4 Holzperlen, ø 10 mm

3 Schneide 2 Stücke Trinkhalm in der Breite des Eisstiels ab und klebe sie unter das Board.

4 Zupfe die Watte vom Stäbchen und schneide zweimal 3,5 cm ab für die Achsen. Stecke je eine Holzperle auf und schiebe sie durch die Trinkhalmstücke. Stecke die beiden übrigen Perlen an.

TIPP
Baue dir einen Parcours aus Hindernissen, dann kannst du Tricks und Stunts üben.

Schon können deine Finger losbrausen!

Für Spürnasen
GEHEIMES DETEKTIVHEFT

① Schneide vier Eisstiele auf 8 cm Länge. Runde die Ecken ab. Lege je 8 Eisstiele zu zwei Rechtecken. Klebe die vier gekürzten Stiele ca. 1 cm vom Rand entfernt quer darüber. Lege zum Trocknen ein schweres Buch darauf.

② Für die Buchseiten schneide jedes Blatt in vier gleich große Teile und falte sie mittig zu einem Heft. Tackere es am Knick zusammen.

③ Klebe die vier Hefte an der geknickten Seite aufeinander.

④ Schneide am letzten Eisstiel die runden Enden ab. Kürze ihn so, dass er genau auf den Buchrücken passt, und befestige ihn mit bunten Washi-Tapestreifen.

⑤ Klebe die Holzplatten mit dem Klebestift so auf den Buchblock, dass der bunte Buchrücken etwa 0,5 cm herausragt.

⑥ Schneide aus Moosgummi ein Wappen. Bemale und verziere es mit Streusternen. Klebe es auf und beschrifte dein Heft.

Und nun aufgepasst, hier kommt Sherlock Supernase!

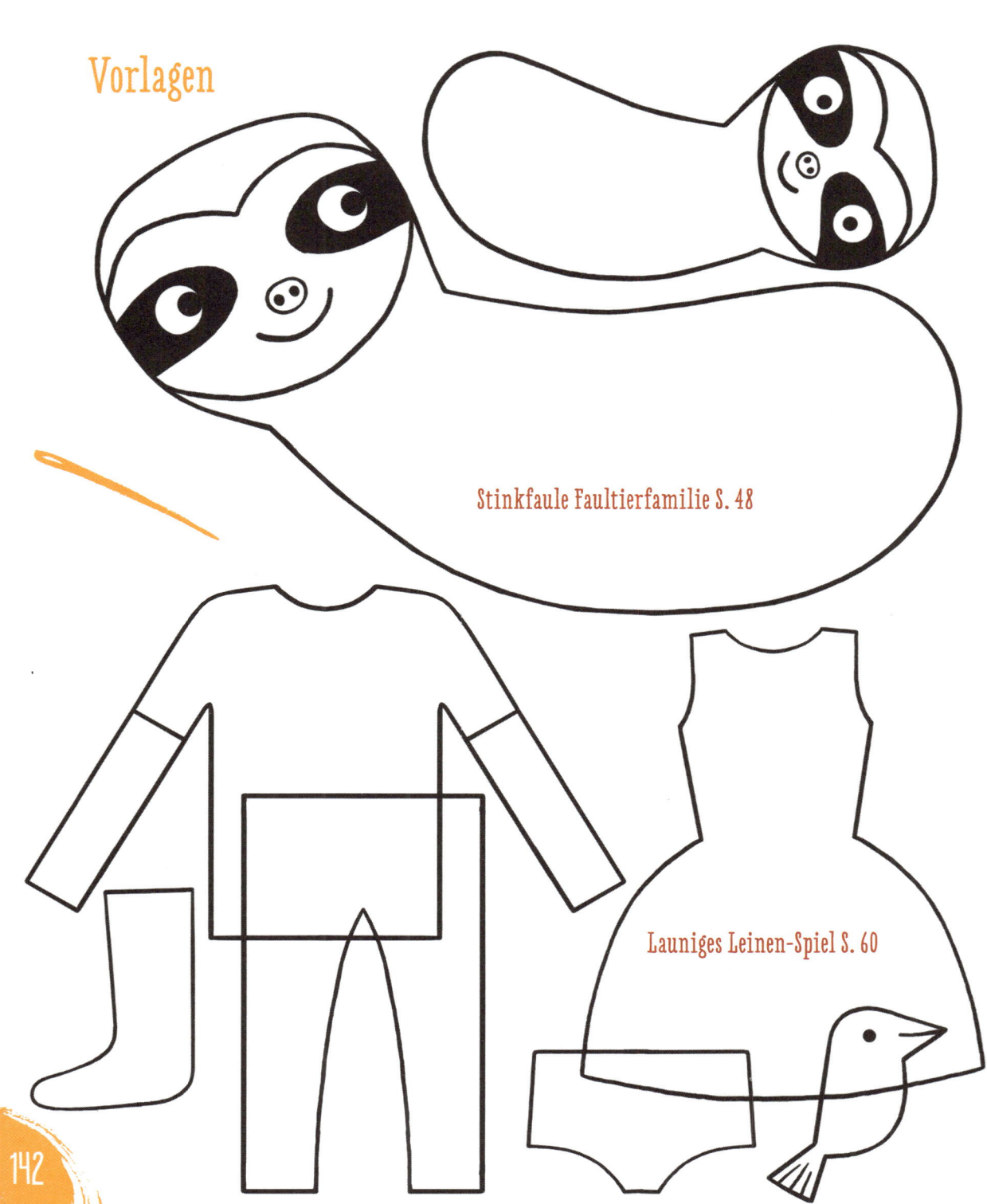

Vorlagen

Stinkfaule Faultierfamilie S. 48

Launiges Leinen-Spiel S. 60

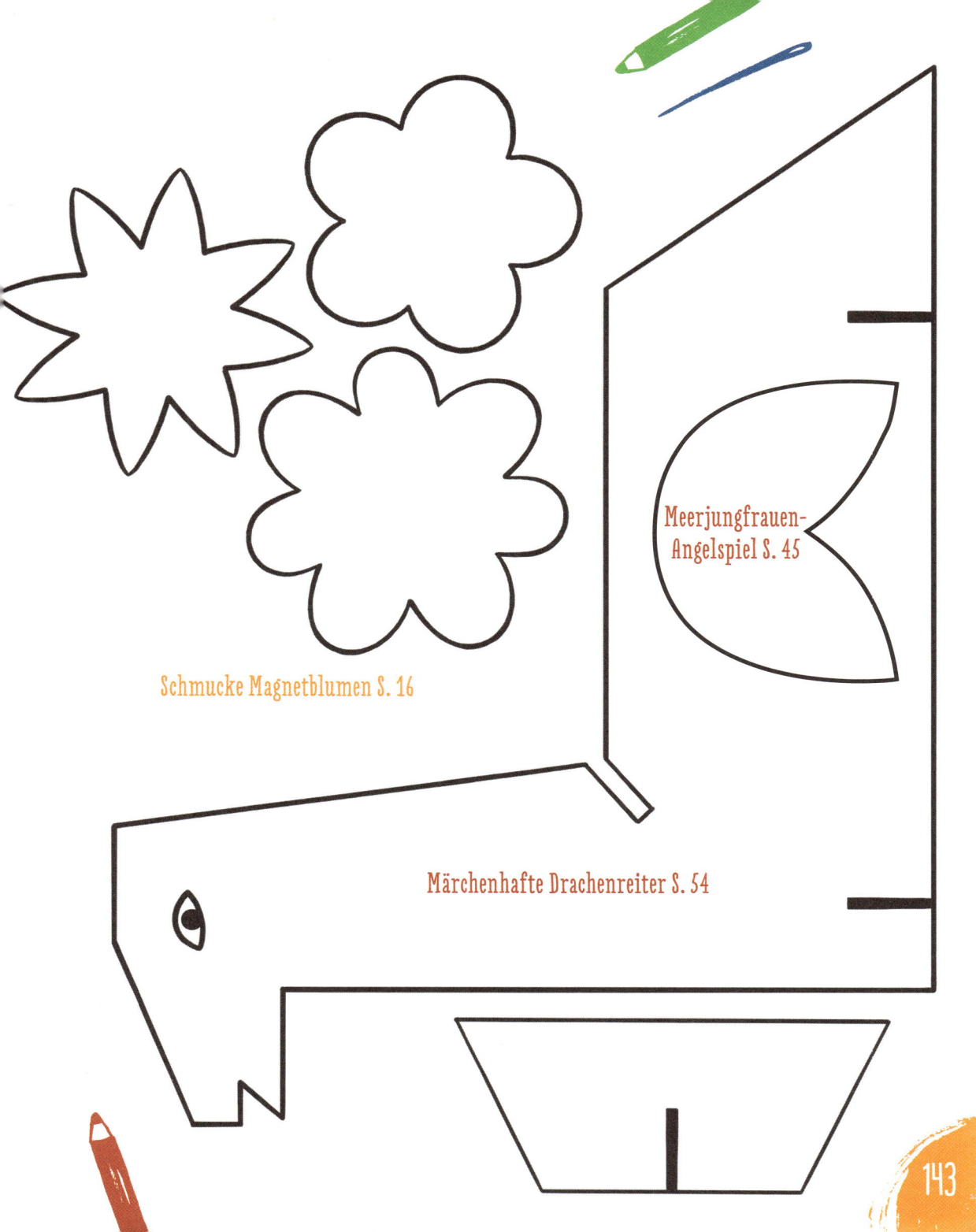

Schmucke Magnetblumen S. 16

Meerjungfrauen-
Angelspiel S. 45

Märchenhafte Drachenreiter S. 54

Danke!
Wir danken ganz herzlich für Geduld, gute Laune und Albernheit
unseren Fotokindern: Alba, Diana, Leo, Marta und Rasmus.

Impressum
Alle Tipps und Informationen in diesem Buch sind sorgfältig ausgewählt
und geprüft. Dennoch können weder Urheber noch Verlag eine Garantie
übernehmen. Eine Haftung für Personen-, Sach- und Vermögensschäden
ist ausgeschlossen.

Haftungsausschluss für Links
Urheber und Verlag haften nicht für Schäden, die durch das Aufrufen
der im Buch aufgeführten Internetseiten oder die Verwendung ihrer
Inhalte entstehen. Web-Links können sich ändern oder veralten.
Für alle im Buch aufgeführten Internetseiten, deren Inhalte und ihre
technische Sicherheit sind ausschließlich deren Betreiber verantwortlich.

5 4 3 2 1   21 20 19 18 17
ISBN 978-3-649-62319-9
© 2017 Coppenrath Verlag GmbH & Co. KG,
Hafenweg 30, 48155 Münster, Germany
CH: Baumgartner Bücher AG, Centralweg 16, 8910 Affoltern a.A.
Alle Rechte vorbehalten, auch auszugsweise

Bastelideen, Anleitungstext und Arbeitsschrittfotos:
Katja Enseling, www.honigkukuk.de
Modellfotos: Ruth Niehoff, www.ruth-niehoff.de, libellen-werkstatt.de
Redaktion: Regina Herr
Layout und Satz: Ute Kleim, www.utekleim.com

Printed in Serbia

www.coppenrath.de
www.100-prozent-kreativ.de